F&A

Acrylmaltechnik

Fragen und Antworten

DAVID CUTHBERT

EDITION
MICHAEL FISCHER

Titel der Originalausgabe: „Acrylics“ aus der Reihe
„Artist’s Questions Answered“
Aus dem Englischen übertragen von Hanne Henninger

1. Auflage 2006

Herstellung und Satz:
Verlagsservice Henninger GmbH, Würzburg

Printed in China

ISBN: 978-3-933033-90-1

Inhalt

Einleitung

Die Acrylfarbe ist ein relativ modernes Medium, unglaublich vielseitig, schnelltrocknend und alterungsbeständig. Maltechnisch bieten Acrylfarben eine einmalige Variationsbreite und können sowohl pastos wie Ölfarben als auch so verdünnt wie Aquarellfarben verarbeitet werden, sind dabei jedoch wesentlich unkomplizierter anzuwenden und absolut einfach auszubessern.

Die für Acrylfarben verwendeten Pigmente sind dieselben wie bei anderen Farben, meist eine Kombination aus Erdfarben und synthetischen Farbstoffen. Oft sagt man den Acrylfarben im Vergleich zu den Ölfarben mehr Glanz nach. Aber diese scheinbar höhere Brillanz kommt nur zustande, weil die schnelle Trocknung eine Verunreinigung durch andere Farben auf der Palette oder durch den Pinsel unmöglich macht.

Ein weiterer Vorteil im Vergleich zur Ölfarbe ist die geringe Rissbildung. Ölfarben trocknen so langsam, dass es durch Schwankungen in der Umgebungstemperatur, Luftfeuchtigkeit etc. zu leichten Verschiebungen in den Farbschichten kommt, die dann Risse bilden. Risse entstehen bei Acrylfarben nur in Mischungen mit anders beschaffenen Farben und höchstens beim Trocknen, später nicht mehr. Falls Sie möchten, dass Ihre Farben langsamer trocknen, können Sie einen im Handel erhältlichen Trocknungsverzögerer beimischen.

PINSEL

Pinsel sind in eine Vielzahl an Größen eingeteilt, die sich in der Bezeichnung von Hersteller zu Hersteller ändern können. Aber fast immer beginnen die Größen bei 1 für die kleinsten und enden bei 12 für die größten. Ebenfalls erhältlich sind extra große Pinsel bis Größe 36. Rechts sehen Sie Naturhaarpinsel mit weichen, biegsamen Haarkörpern. Weitere Pinselarten finden Sie auf Seite 16 und 17.

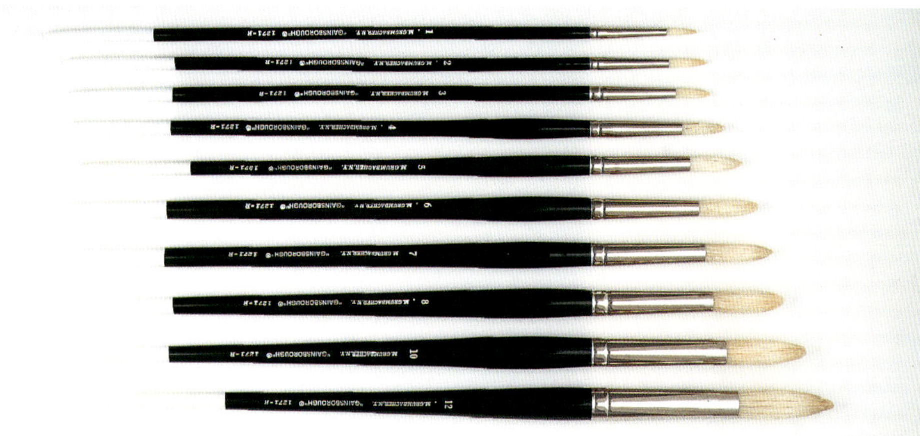

PALETTMESSER

Ursprünglich wurden die biegsamen Palettmesser ausschließlich zum Mischen der Farben verwendet. Sie eignen sich jedoch auch hervorragend anstelle eines Pinsels zum Auftragen der Acrylfarbe in dicken Schichten (Impasto). Zudem können sie zum Entfernen von irrtümlich aufgetragener oder überschüssiger Farbe verwendet werden. Der Malstock ganz links im Bild wird zum Abstützen benutzt, damit die Hand beim Malen ruhig bleibt.

MALAUSRÜSTUNG

1 Mischpalette
2 Palettmesser
3 Leinwand
4 Acryl Glanzmittel
5 Acryl Mattierungsmittel
6 Flachpinsel, Naturborsten
7 Palette
8 Acrylfarben
9 Fächerpinsel
10 Naturhaarpinsel
11 Synthetikpinsel
12 Borstenpinsel

Auch in Bezug auf den Malgrund sind Acrylfarben äußerst flexibel und können an sich auf jeden Untergrund, ob präpariert oder nicht, aufgetragen werden. Dagegen ist bei Ölfarben eine Grundierung absolut nötig, weil das Lein- und Terpentinöl, das ihnen zum Verdünnen beigemischt wird, die Leinwand zerstört. Sie können Acrylfarben ohne Bedenken direkt auf die Leinwand und auf die vielfältigste Art auftragen, von der dünnsten Lasur bis zum dicksten Impasto. Praktisch ist zudem, dass sich Acrylfaben auch zum Malen auf Aquarellpapier eignen, das Sie viel leichter transportieren oder aufbewahren können. Es gibt sogar spezielle Acrylfarben für Siebdruckverfahren. Diese können als Matrize verwendet werden, wenn Bücher von Hand gefertigt werden.

Dieses Medium spricht sowohl die Vertreter der gegenständlichen als auch die der abstrakten Malerei an. Viele berühmte Maler zeigen ihr Können in Acryl, so auch David Hockney, Wayne Thiebaud, Jean Hélion, Andy Warhol, Morris Louis, John Hoyland, und Bridget Riley. Doch zahllose andere Künstler sind gerade dabei, das Potential der Acryltechnik zu entdecken und dieses Buch möchte Ihnen, die Welt dieses aufregenden und lohnenden Mediums erschließen, indem es die Grundlagen vermittelt.

Schlüsselbegriffe

Abdämpfen – es wird trockene, deckende Farbe hauchdünn über bereits angelegte Farbflächen gestrichen, damit ein Effekt von gebrochener Farbe entsteht.

Abstufung – allmählicher, sanfter Übergang von dunkel zu hell und umgekehrt, oder von einer Farbe zur anderen.

Alla prima (Primamalerei) – kommt aus dem Italienischen und bedeutet etwa „auf Anhieb“: direkte Malweise, das Bild entsteht mit nur einem Farbauftrag in einer Sitzung.

Bildebene – die Ebene, die die Bildoberfläche einnimmt. Man könnte die Bildebene mit einer Glasplatte vergleichen, hinter der sich die Bildelemente in einer bestimmten Anordnung befinden.

Einpunktperspektive – ist eine Form der Linearperspektive, in der alle Geraden scheinbar zu einem einzigen Punkt (Fluchtpunkt) am Horizont zusammenlaufen.

Fett – Konsistenz einer Farbe, die einen höheren Anteil Öl als Pigmente aufweist.

Fixativ – wird aus synthetischen Harzen hergestellt und zum Fixieren (Versiegeln) von Pastellen oder Kohlezeichnungen verwendet. Fixative sind oft giftig und sollten im Freien oder bei geöffnetem Fenster benutzt werden.

Fluchtpunkt – an diesem Punkt, der sich auf der imaginären Horizontallinie in Augenhöhe befindet, treffen sich alle verlängerten Geraden der Linearperspektive.

Form – bestimmt das äußere Erscheinungsbild eines Elementes – seine Linien, den Umriss und die Dreidimensionalität.

Glanzlicht – die Stelle auf einer beliebigen Oberfläche, die das Licht am stärksten reflektiert.

Grundierung – die erste Farbschicht, evtl. mit Struktur, die als Basis für alle weiteren Farbaufträge dient.

Grundkomposition – Skizze der Gesamtkomposition mit Bleistift, Tusche, Kohle oder Farbe, in der die Tonwertunterschiede festgelegt sind.

Hilfsmittel zum Maskieren (Aussparen) – schützen beim Malen die gewünschten Papierstellen vor Farbe. Hierzu gehören: Schablonen aus Papier oder Pappe, Klebeband, Maskierflüssigkeit, Rubbelgummi usw.

Horizontallinie – (Augenlinie) imaginäre Linie in Augenhöhe des Betrachters. Ihre Lage ist abhängig von unserem Standort. Auf alles, was sich unterhalb dieser Linie befindet, sehen wir herab; alles, was dagegen über unserer Augenlinie liegt, sehen wir von unten.

Impasto – dicker Farbauftrag, in dem die Spuren von Pinsel oder Malmesser sichtbar bleiben.

Katzenzungenfaçon – Flachpinsel mit abgerundeter Spitze, der Haarkörper hat die Form eines abgeflachten Kegels.

Keilrahmen – Holzrahmen mit beweglichen Holzkeilen, mit deren Hilfe man die Leinwand spannen kann.

Komplementärfarben – liegen sich auf dem Farbkreis direkt gegenüber. Jede Sekundärfarbe besteht aus zwei Primärfarben – die dritte Primärfarbe ist die Komplementärfarbe.

Komposition – ist die Anordnung der einzelnen Elemente eines Motivs zueinander.

Lasur – hauchdünne transparente Farbschicht auf einer bereits getrockneten Farbfläche.

Leuchtkraft – dieser Effekt beschreibt das Licht, das von einer Fläche abzustrahlen scheint.

Linearperspektive – verwendet man beim Malen und Zeichnen um den Eindruck von Tiefe und dritter Dimension zu schaffen. In dieser einfachsten Perspektive scheinen Gebäude oder Objekte in einem Bild ganz weit in die Tiefe des Raumes zu reichen, weil ihre Parallelen zu einem Punkt (Fluchtpunkt) konvergieren.

Luftperspektive – der Einfluss der atmosphärischen Luft auf unsere Wahrnehmung von Entfernung: weiter entfernte Farben erscheinen kälter (blauer) und entfernte Konturen verschwommener.

Mager - ist die Farbe, die im Verhältnis zu den Pigmenten weniger Öl enthält.

Malstock - Stock mit einer Kugel am oberen Ende, der als Stütze für den Arm dient, damit die Hand beim Malen ruhig bleibt.

Malträger - Mal- oder Zeichenfläche, die aus Papier, Pappe, Holz oder Leinwand sein kann.

Medium - Material oder Technik, das bzw. die vom Künstler eingesetzt wird, um ein Kunstwerk zu schaffen.

Motivsucher - L-förmige Pappschenkel, die zu einem Rechteck zusammengeschoben werden, um Ausschnitte bei Motiv oder Bild zu „rahmen" (Komposition).

Nass-in-Nasstechnik - Technik des Farbauftrages von feuchter Farbe auf eine noch feuchte Farbschicht.

Naturhaarpinsel (zum Beispiel Rotmarderpinsel) - aus dem weichen Haar unterschiedlicher Tiere, eignet sich besonders für zarte Farbaufträge.

Negativformen - das sind die Flächen zwischen den Hauptteilen des Motivs und um sie herum, die als Bestandteil einer Komposition genutzt werden können.

Opak - bedeutet undurchsichtig, deckend; das Gegenteil hierzu ist transparent.

Palette - ist eine ebene Fläche (Platte, Teller), auf der man Farben bereithält und mischt.

Perspektive - ist die grafische Darstellung von Entfernung, Tiefe und dritter Dimension.

Perspektivische Verkürzung - die scheinbar zunehmende „Verkleinerung" eines Objekts mit steigender Entfernung zum Betrachter.

Primärfarben (Grundfarben) - sind sie drei Farben Gelb, Rot und Blau. Sie können nicht aus anderen Farben gemischt werden.

Proportion - Prinzip der Einteilung unter Berücksichtigung der Größenverhältnisse der Elemente zum Ganzen, sowie auch der einzelnen Elemente zueinander.

Schattierung - (auch Abstufung) bedeutet das Hinzufügen von hellen und dunklen Tonwerten, um in einer zweidimensionalen Zeichnung die Illusion einer dritten Dimension zu schaffen.

Schwammtechnik - Farbauftrag mit einem Naturschwamm, damit eine strukturierte Bildoberfläche entsteht.

Sekundärfarben - sind Mischungen aus zwei Grundfarben, z. B. Orange (Rot und Gelb), Grün (Blau und Gelb) und Violett (Rot und Blau).

Sgraffito - durch das Kratzen von Linien in eine Farbschicht werden die darunterliegenden Farben sichtbar.

Skizze - ist eine schnelle Freihandzeichnung mit Bleistift, Tusche, Kohle oder Farbe.

Spritztechnik - mit dieser Methode sprüht man kleine Farbtropfen mittels Bürste oder Pinsel über ein Gemälde.

Struktur (Textur) - ein Kunstbegriff, der sich auf die Oberflächenbeschaffenheit, das „Anfühlen" eines Objektes bezieht: glatt, rau, weich, etc.

Tertiärfarben - enthalten alle drei Primärfarben. Braun, Grüngelb, und Blauviolett sind z. B. Tertiärfarben, gemischt aus unterschiedlichen Anteilen der drei Primärfaben.

Tonwert - ist der Grad an Helligkeit oder Dunkelheit eines Farbtons auf einer Fläche oder einem Objekt und wird unabhängig vom eigentlichen Farbton festgelegt.

Tupfentechnik (Pointillismus) - die Farbe wird nicht in Strichen aufgetragen, sondern mit dem Pinsel in Punkten getupft (auch zum Schattieren einer Fläche).

Weißmischung - eine Farbe, der Weiß oder Wasser beigemischt wurde, um den Farbton aufzuhellen. Gibt man beispielsweise Weiß zu Blau, entsteht daraus als Weißmischung ein helleres Blau.

Wellen (Papier) - wenn leichtgewichtiges Papier nass wird, wellt es sich meist. Je schwerer das Papier ist, desto weniger wellt oder verzieht es sich.

1 Grundlagen und Techniken

Schon der Einstieg in die Acrylmalerei, der Lernprozess im Umgang mit Acryl ist ein Abenteuer. Die unterschiedlichen Hilfsmittel und Techniken immer besser zu beherrschen und nach und nach das Wesentliche der Objekte auf Papier zu bringen, ist ein spannender Vorgang. Doch wie bei jedem anderen Abenteuer auch, gibt es mit Sicherheit einige Enttäuschungen und Rückschläge zu überwinden. Sie werden aber von den ersten Skizzen und von den ersten Pinselstrichen an jeden Fortschritt sehen können, den Sie mit zunehmender Übung machen.

Experimentieren Sie am Anfang ruhig ein wenig, um herauszufinden, was Sie mit den einzelnen Werkzeugen bewirken können. Zeichenkohle, Bleistifte, Pinsel und eine ganze Reihe weiterer Geräte – vom Schwamm bis zur Zahnbürste – eröffnen Ihnen die unterschiedlichsten Möglichkeiten, um das Auftragen der Farbe zu üben. Füllen Sie ganze Skizzenbücher mit Übungen zur Pinselführung, Farbmischungen und experimentellen Studien, um Ihre visuellen Fähigkeiten zu trainieren, denn die genaue Beobachtung der Objekte ist die Grundlage der Malerei. Dabei sollten die Zeichnungen und Farbstudien in Ihrem Skizzenbuch in erster Linie Ihren Geschmack und Ihren Stil widerspiegeln, damit Sie auf Ihre Arbeiten zurückgreifen können, wenn Sie mit der eigentlichen Malerei beginnen.

Rechnen Sie immer damit, dass Sie Ihr Kunstwerk gegebenenfalls wieder ändern müssen, auch wenn Sie bereits viel Zeit und Mühe investiert haben. Nehmen Sie sich die Freiheit, vorerst nur kleine Elemente eines Objektes darzustellen, bevor Sie sich an ein ganzes Bild heranwagen. Sie müssen nicht die ganze Blume darstellen, um das Malen von Blüten zu üben. Begrenzen Sie auch ab und zu den Zeitaufwand für eine Skizze. Oft sind die schnellen Skizzen viel lehrreicher und gelungener als zeitaufwändige Studien. Beginnen Sie mit einfachen Formen, denn viele komplexe Objekte sind letztendlich auf verschiedene simple Formen reduzierbar.

Fühlen Sie sich nicht verpflichtet, jeden Fehler aus Prinzip zu beheben. Der Anblick einer misslungenen Farbe ist auch ein guter Hinweis darauf, wie es besser aussehen kann. Probieren Sie nicht bis zur Entmutigung herum, falls Sie das Gefühl haben, etwas nicht darstellen zu können. Oft ist es nur ein einfacher Kniff. Wenn Sie zum Beispiel analysieren, wie das Licht auf ein Stück Stoff fällt, verschaffen Sie sich gleichzeitig einen Einblick über den Lichteinfall bei Glas oder Haar.

Das Wichtigste dabei ist, dass Sie nie den Spaß am Malen und Zeichnen verlieren. Je mehr Sie Ihre Erfahrungen genießen können, desto mehr können Sie sich entspannen und von den Farben und den Werkzeugen selbst soviel lernen, wie im Unterricht durch einen Lehrer. Auf diese Weise finden Sie zu Ihrem eigenen Malstil und erzielen ein Ergebnis, das Ihrem Wunsch und Ihrer Vorstellung entspricht.

F & A

Wozu brauche ich so viele verschiedene Pinselarten?

Da jeder Pinsel einen bestimmten Strichtyp erzeugt, sind die einzelnen Striche sozusagen die Sprache des Pinsels. Der Künstler kann sich also, indem er die Striche und Strukturen der verschiedenen Pinsel analysiert und mit ihnen experimentiert, quasi ein Grundgerüst für die Darstellung jedes beliebigen Objekts erstellen. Die Pinselstriche variieren vom kleinsten Punkt bis hin zu extrem breiten, einheitlichen Farbflächen. Das hängt aber nicht nur davon ab, wieviel Farbe der Haarkörper aufnimmt, entscheidend ist auch, wie der Arm oder die Hand bei der Pinselführung eingesetzt werden.

Wird der Pinsel am unteren Ende festgehalten, führt das zu verkrampft und mickrig wirkenden Strichen. Geben Sie Ihrem Handgelenk mehr Spiel und können den Pinsel locker schwingen, erzielen Sie längere Striche. Je weiter oben der Stiel gefasst wird, desto größere Striche erzeugt der Pinsel.

Zudem spielt es eine Rolle, wieviel Druck Sie auf den Pinsel ausüben. Drücken Sie nur leicht auf, entstehen zarte und kaum sichtbare Linien, drücken Sie jedoch so stark auf, dass sich die Borsten verbiegen und spreizen, erzielen Sie sehr breite und kräftige Striche.

1 Der Flachpinsel mit Borsten ist an sich ein richtiger Arbeitspinsel, gut geeignet um die Flächen rasch mit Farbe zu füllen. Dennoch lässt sich mit diesem Pinsel eine erstaunliche Vielzahl an unterschiedlichen Strichen erzielen. Trotz seines eckigen Profils gelingen enorm viele Stricharten, angefangen beim feinsten für die Schraffur bis hin zum dicksten für die große Farbfläche. Viele Anfänger profitieren von der Vielseitigkeit und leichten Handhabung bei ihren ersten Strichen, und für die erfahrenen Künstler gehört der Flachpinsel zur Grundausstattung.

2 Der Fresko-Pinsel hat einen langen, nicht zu weichen und dennoch biegsamen Haarkörper. Mit seiner Spitze gelingen sehr feine Linien, aber auch breite Striche, wenn man ihn seitlich aufsetzt. Der Haarkörper hält die Farbe ausgezeichnet und er muss längst nicht so oft nachgefüllt werden wie ein Pinsel mit kurzen Borsten.

TIPP

Um beim Ausprobieren von Pinselstrichen alle Möglichkeiten in der Ausführung ausschöpfen zu können, sollten Sie am besten vor einer Staffelei stehen (oder als zweitbeste Möglichkeit sitzen), damit Ihnen die volle Länge Ihres Armes ebenso wie die Hand und das Handgelenk für ein genaues Arbeiten zur Verfügung stehen.

3 Der Pinsel in der sogenannten Katzenzungenfaçon hat einen fast kegelförmigen aber abgerundeten Haarkörper, der an die Form einer Katzenzunge erinnert, daher auch der Name. In mittlerer Größe, wie im Bild, kann der Haarkörper zwar nicht allzuviel Farbe speichern, eignet sich aber bestens für ein genaues Arbeiten mit dicker Farbe ebenso wie für kurze Pinselstriche mit dünnerer Farbe.

4 Ein weiterer exzellenter und vielseitiger Pinsel ist der runde Schweinsborstenpinsel. Gleich nach dem Fresko-Pinsel ist dies der beste. Er hält viel Farbe und Sie können, je nachdem wieviel Druck Sie ausüben, sowohl sehr feine, mittlere aber auch äußerst dicke Striche erzielen.

5 Der Schlepperpinsel ist ideal für lange, sehr feine und fließende Linien, allerdings kann es etwas dauern, bis man sich an ihn gewöhnt hat. Üben Sie am besten bis Sie das Gefühl haben, flüssige Striche zu ziehen. Außerdem sollten Sie die Farbe erst mit einem anderen, steiferen Borstenpinsel bis zur gewünschten Konsistenz mischen, bevor Sie den Schlepperpinsel benutzen, denn sein weicher, schlaffer Haarkörper ist zum Mischen völlig ungeeignet.

6 Der Haarkörper des japanischen Bambuspinsels ist sehr viel weicher als der westlicher Fabrikate. Zwar gelingen mit ihm die feinsten Striche, er ist aber nicht für pastose Farbe, sondern nur für wässrige Konsistenzen wie Tusche geeignet.

7 Mit Synthetikpinseln lassen sich vor allem Feinarbeiten hervorragend ausführen. Weil sie die Farbe sehr gut halten, können die Striche besonders schön und flüssig ausfallen. Sie sind speziell für die Acrylmalerei erhältlich, haben aber zwei Nachteile. Die Reinigung nimmt übermäßig viel Zeit in Anspruch und ist störend beim zügigen und flüssigen Arbeiten, aber zwingend erforderlich, weil sonst die Farben verschmutzen. Zum anderen halten Synthetikpinsel, obwohl die Produkte im Laufe der Jahre verbessert wurden, noch immer nicht besonders lange, vor allem werden die Spitzen der Kunstfasern brüchig und spalten sich.

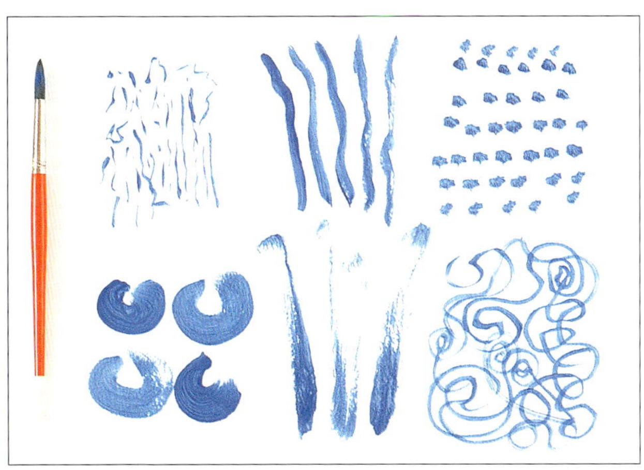

F & A

Ich habe Effekte gesehen, die offensichtlich nicht mit dem Pinsel erzeugt wurden. Womit kann ich noch malen?

Pinsel sind nur eine von vielen Möglichkeiten, um die Farbe auf den Malgrund zu bringen. Angefangen beim Vermalen mit den Fingern für unglaublich plastische Effekte bis hin zu den feinen Sprühtechniken gibt es unendlich viele kreative Wege, um mit einem Farbauftrag gleichzeitig auch für Struktur zu sorgen. Über all die vergangenen Jahrhunderte hinweg haben die großen Maler der schönen Künste ihre Finger benutzt, um Farbansätze zu verwischen und Überschüsse zu entfernen. Der Künstler Zhang Zao erlangte sogar schon im achten Jahrhundert Berühmtheit für die Effekte, die er mit seinen Fingern und ausgedienten Pinseln erschuf. Experimentieren Sie mit den folgenden Techniken und bereichern Sie Ihre Bilder mit Strukturen und reizvollen Effekten.

SCHWAMMTECHNIK

1 Ein kleiner Schwammwürfel, den Sie aus einem handelsüblichen Haushaltsschwamm ausgeschnitten haben, eignet sich besonders gut zum Auftupfen der Farbe. Der erste Tupfer bringt reichlich Farbe auf die Fläche, doch wenn Sie immer weiter tupfen, ohne die Farbe aufzufrischen, werden die Abdrücke langsam feiner und zeigen mehr Struktur. Diese Technik eignet sich hervorragend für große Flächen mit unruhiger Kolorierung, wie beispielsweise eine von Herbstlaub bedeckte Waldlandschaft.

2 Das Muster der aufgetragenen Farbe zeigt einesteils die Oberflächenstruktur des Schwamms, lässt aber auch die Beschaffenheit des Papiers erkennen. Wenn Sie auf einem grobkörnigen Papier arbeiten, kommt in die Vertiefungen keine Farbe und es bleiben mehr helle kleine Löcher auf der Farbfläche. Eine völlig andere Struktur ergibt sich bei Anwendung der Schwammtechnik auf einer bereits bemalten Oberfläche. Weil hier der Schwamm leicht rutscht, hinterläßt er entsprechende Gleitspuren.

SPRITZTECHNIK

1 Dieses Beispiel entstand mit Hilfe einer harten Zahnbürste. Die Bürste wird in wässrige Farbe getaucht, dann fährt man mit dem Daumen fest über die Borsten und spritzt die Farbe in feinsten Tröpfchen über das Papier. Falls Sie einen dichten Farbauftrag wünschen, müssen Sie möglichst nah am Bild arbeiten, denn je größer die Distanz zur Oberfläche ist, desto weitläufiger und feiner verteilt sich die Farbe.

2 Wenn Sie über genügend Lungenkapazität verfügen, können Sie auch die sogenannten Mundsprüh-Röhrchen benutzen. Diese Vorrichtung zum Blasen besteht aus zwei im rechten Winkel zueinander stehenden Röhrchen und wird benutzt, um Fixativ auf ein Bild zu pusten. Sie eignet sich außerdem, um einen feinen Sprühnebel großflächig zu verteilen, zum Beispiel beim Darstellen von Gischt in einem Bild. Um damit arbeiten zu können, muss die Farbe eine sehr wässrige Konsistenz haben, ähnlich wie Tusche, sonst verstopft das Mundstück. Das Ergebnis beim Sprühen der Farbe ist normalerweise schön gleichmäßig, aber nur schwer kontrollierbar. Experimentieren Sie deshalb erst mit dieser Technik, bevor Sie sie im Bild anwenden.

FINGERMALEREI

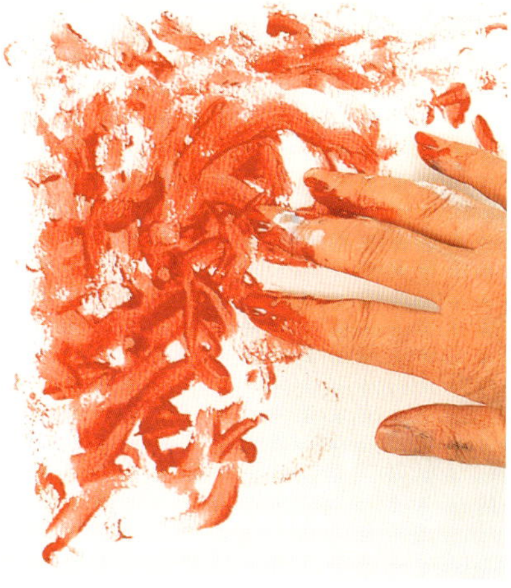

1 Die Spuren der Finger bringen immer eine persönliche Note in das Bild. Der Vorzug dieser Technik liegt in der Unmittelbarkeit ihrer Anwendung: Wenn Sie eine verwischte, weiche Struktur wünschen, reiben Sie mit Ihren Fingern einfach sanft über die frisch aufgetragene Farbe.

2 Diese Technik eignet sich bestens, um den Eindruck von weicher Farbmasse zu erwecken, wie etwa beim Darstellen von Seetang an Felsen oder dem zotteligen Fell eines Hundes.

F & A

Wie bestimme ich für mein Bild das passende Format?

Bevor Sie mit dem Malen beginnen, sollten Sie sich zunächst über das spätere Format Ihres Bildes einige Gedanken machen und nicht einfach die von den Herstellern vorgegeben Formen und Größen der Leinwand hinnehmen. Dies trifft ganz besonders dann zu, wenn Sie gerade auf der Suche nach einem Landschaftsmotiv sind. Viele Künstler benutzen zu diesem Zweck einen einfachen Motivsucher, also einen verstellbaren Rahmen, der waagrecht oder senkrecht gehalten werden kann. Durch dieses Hilfsmittel können Sie sich die Suche nach einem passenden Format erheblich erleichtern.

1 Hier sehen Sie, dass das ursprüngliche Bild ein sehr breites Querformat („Landschaftsformat") hatte. In diesem Beispiel zeigt der Motivsucher einen Ausschnitt im Hochformat („Porträt"). Durch dieses Format wird das Bild so beschnitten, dass die Diagonale des Flusses ein knapper Strich ist, der von den zwei senkrechten Hecken asymmetrisch unterbrochen ist.

2 In diesem sehr breiten Querformat zeigt sich eine viel stabilere Komposition. Sie ist längst nicht so dynamisch wie im Hochformat. Der Berg sitzt quadratisch auf den kräftigen Horizontallinien des Bodens und der Schatten, und der diagonal verlaufende Fluss verstärkt die Wirkung der zentralen Horizontallinie noch zusätzlich.

3 Dieses Hochformat schließt sehr viel mehr Vordergrund im Bild ein, als die beiden anderen Kompositionen. Durch diesen enorm großen Vordergrundraum scheinen die Berge weit entfernt im Hintergrund zu stehen und das Wasser wird zum zentralen Element im Bild. Wenn Sie sich einen Blickfang für Ihr Bild aussuchen, müssen Sie zuerst herausfinden, welches Element Sie an der Szene so fasziniert.

Welches Medium eignet sich am besten zum Skizzieren?

F & A

Sofern Ihr Motiv nicht allzu technisch ist und Sie eine äußerst präzise Zeichnung benötigen, skizzieren Sie Ihre Komposition entweder mit Zeichenkohle oder mit einem Pinsel und dünner, heller Farbe. Diese Medien lassen Sie die Skizze eher „malerisch“ angehen und verleiten im Gegensatz zu den präzisen Bleistiftskizzen seltener zum voreiligen „Ausmalen“ oder Schattieren. Die Vorzeichnung sollten Sie als Stadium betrachten, in dem Sie Ihre Komposition perfektionieren. Gefällt Ihnen dann die Komposition nicht, radieren oder wischen Sie die Linien einfach weg und beginnen neu. Wichtig ist nur, dass Sie mit dem Malen erst dann anfangen, wenn Sie die Komposition gelungen finden.

2 Sobald Sie Ihre Zeichnung gelungen finden, versiegeln Sie sie mit einer matt auftrocknenden Schicht Acryl-Medium, das Sie mit einem sauberen, trockenen Pinsel auftragen. So verhindern Sie die Verschmutzung Ihrer Farben durch Kohlerückstände.

TIPP

Beim Übertragen einer Skizze auf ein größeres Format müssen Sie darauf achten, dass der Hintergrund in Relation zur Gesamtfläche nicht zu groß und das zentrale Bildelement zu klein ausfällt. Dieser Fehler passiert häufig beim Abzeichnen einer Studie.

1 Fertigen Sie eine rasche Kohleskizze von Ihrer Komposition an. Eventuelle Fehler reiben Sie mit einem sauberen trocken Pinsel weg. Wenn Sie an der ausgebesserten Stelle aber eine reine weiße Oberfläche benötigen, müssen Sie noch zusätzlich weiße Farbe oder Grundierung auftragen.

3 Als Alternative zur Zeichenkohle können Sie auch einen Pinsel und verdünnte Farbe verwenden, um Ihre Komposition zu skizzieren (siehe S. 18). Durch diese Methode bleiben Sie durchgehend und ohne Unterbrechung im Malprozess, von der Skizze bis zum fertigen Bild. Fehler korrigieren Sie durch das Übermalen mit weißer Farbe.

Welche Vorteile bringt das Skizzieren mit Acrylfarbe?

Acrylfarbe ist ein hervorragendes Medium zum Skizzieren vor Ort. Diese Farben auf Wasserbasis trocknen unglaublich schnell und eignen sich deshalb besonders für das Arbeiten mit einem Skizzenbuch. Wenn Sie im Skizzenbuch über eine Doppelseite malen, legen Sie besser eine Lage Küchenkrepp oder dünnes Papier zwischen die Seiten, bevor Sie das Buch zuklappen. So verhindern Sie ein Zusammenkleben der Farben.

Die folgende Studie entstand in einem kleinen, tragbaren Spiralbuch aus chlorfreiem Zeichenpapier von mittlerer Körnung (110 g/qm). Möglicherweise bevorzugen Sie aber lose Skizzenblätter, die Sie in einer Mappe sammeln und aufbewahren.

1 Obwohl Sie Ihre Skizze ruhig mit einem Bleistift der Stärke HB beginnen können, sollten Sie beim Skizzieren auf Acrylfarben nicht ganz verzichten, denn einige Farbnotizen über Töne und Atmosphäre helfen beim späteren Nachgestalten im Malprozess, die Erinnerung wieder aufzufrischen. Hier wurde beispielsweise eine dünne Lasur in Phthalotürkis auf die Fläche des Himmels gelegt, um das Strahlen eines Sommertages festzuhalten.

2 Für das Meer wurde dasselbe Türkis verwendet, allerdings in einer intensiveren Mischung. Der rosafarbene Ton im Himmel über dem Horizont ist ein stark verdünntes Rotviolett. Für die sandfarbenen waagrechten Striche des Meers im Vordergrund wurde dieselbe verdünnte Farbe mit Siena natur gemischt.

3 Als Planken der Landungsbrücke wurden Striche in einer blassen Farbe aus Siena natur gemischt mit Rotviolett gemalt. Da dem Künstler beim Skizzieren vor Ort nur eine begrenzte Palette an Farben zur Verfügung steht, entstanden die Kanten der Landungsbrücke mit Siena natur und Phthalotürkis. Sowohl die Farbkomposition als auch die Pinselstriche werden später noch verändert und ausgearbeitet.

4 Die abschließenden Handgriffe an einer Skizze können sehr wichtige Informationen für das spätere Malen des Bildes enthalten. In der Skizze werden Details hervorgehoben, wie beispielsweise die Metallpfeiler unter der Brücke in Paynesgrau und Phthalotürkis und zudem Farbtöne festgelegt, wie das verdünnte Rotviolett der Flagge im Vordergrund. Bedenken Sie, dass die Flagge im eigentlichen Bild viel kräftiger ausfallen muss, damit die Gesamtkomposition harmonisch wirkt.

Links: Diese Studie entstand in einem kleinen Skizzenbuch – gerade noch so groß, dass es in eine Manteltasche passt – und enthält doch unzählige Informationen für das eigentliche Bild.

TIPP

Wenn Sie im Freien Skizzieren – vor allem, wenn Sie zu Fuß unterwegs sind – möchten Sie sicherlich so wenig Ballast wie möglich mitnehmen. Nur eine begrenzte Anzahl an Farben dabei zu haben ist nicht nur bequemer, sondern auch eine gute Übung. In dieser Skizze hier wurden lediglich vier Farben verwendet. Ideal zum Skizzieren im Freien sind eine gefüllte Wasserflasche, diverse Pinsel, ein Lappen und ein Plastikbehälter für die Farben – dessen Deckel können Sie sogar als Mischpalette benutzen.

F&A

Muss mein Malgrund unbedingt weiß sein?

Pastellmaler arbeiten oft auf farbigem Papier, das sie im Ton zu ihrem jeweiligen Motiv passend wählen. Für Aquarellmaler kommt dagegen fast ausschließlich weißes Papier in Frage, damit sie die Leuchtkraft ihrer Farben voll ausschöpfen können. Innerhalb der Acryl- oder Ölmalerei haben die Künstler die Wahl, sich je nach Motiv und Malstil für eines von beiden zu entscheiden. Ein farbiger Untergrund legt den Grundstein für Ihre Farbkomposition. Jede Farbe, die Sie als nächstes auftragen, wird durch die Hintergrundfarbe verändert: sehr heftig, wenn die beiden Farben kontrastieren, und sehr zart, wenn die Farbtöne nah beieinander liegen. Das Arbeiten auf einem farbigen Untergrund hat sicherlich Vorteile, aber Sie können ebensogut auf einem weißen beeindruckende Bilder schaffen.

1 Hier sehen Sie, wie sehr eine kräftige, dunkle Hintergrundfarbe die Farben des fertigen Bildes zusätzlich betont, und wie durch sie subtile Schattenbereiche entstehen konnten. Kolorieren Sie zunächst den Malgrund intensiv in Phthaloblau. Diese Farbe ist transparent und verleiht dem Bild Tiefe. Jede folgende Deckfarbe wird sich deutlich abheben. Zeichnen Sie dann die Objekte in dunklem Hookersgrün ein.

TIPP

Das farbige Grundieren eines Bildes kann eine gute Basis für den weiteren Aufbau der Darstellung schaffen. Wenn Sie dabei eine dunkle Hintergrundfarbe wählen, können Sie diese stellenweise unbemalt lassen und auf diese Weise Schatten und Tiefe kreieren. Bei einer helleren Grundfarbe können Sie entsprechende Flächen für die hellen Partien und die Glanzstellen aussparen.

2 Legen Sie eine Mischung aus Paynesgrau und Titanweiß auf die Objektoberflächen, auf die das Licht fällt. Halten Sie das Bild so schlicht wie möglich, damit die blaue Hintergrundfarbe optimal zur Geltung kommt. Hier blieb das Blau auf dem Stamm und den Steinen für die Schatten.

3 Sobald das transparente Hookersgrün und das Gelb der Blätter aufgetragen sind, schimmert die blaue Untermalung durch und lässt die Grüntöne viel dichter erscheinen. Tragen Sie auf die Stellen, die Sie für das hellere Blattwerk vorgesehen haben, Arylidgelb direkt aus der Tube auf. Für die dunkelsten Grünnuancen nehmen Sie Hookersgrün tief. Die Blätter treten hier nicht so deutlich hervor, wie es auf einem weißen Untergrund der Fall wäre.

4 Das Moos unten am Stamm wird mit dem Grün der Blätter verschmolzen. Zudem muss es stabiler wirken und die Untermalung komplett abdecken, damit es mit den hellen Blättern kontrastiert. Nehmen Sie Hookersgrün und Hookersgrün tief.

5 Tragen Sie nun eine Mischung aus Titanweiß und Titanweiß ungebleicht auf den Hintergrund. Während Sie diesen übermalen, können Sie sehen, wie das verbliebene Blau auf den Steinen die Schatten bildet, und dass es keiner weiteren Farbe bedarf.

6 Verwenden Sie dieselbe Farbmischung wie soeben für den Hintergrund, um über das drapierte Tuch auf der linken Seite eine dünne Farbschicht zum Abdämpfen zu malen, damit ein Effekt von gebrochener Farbe entsteht. Deuten Sie die Oberfläche des Stoffs und die drei drapierten Formen nur grob an, sodass sich darin die Steinformen scheinbar wiederholen. Für die Schattenstellen lassen Sie minimale Spuren der blauen Untergrundfarbe stehen. Beachten Sie, dass die ansonsten eher sparsame und schlichte Farbkomposition erst durch die Untermalung ihre Farbenpracht bekommt.

Oben und rechts *Karmesinroter Malgrund* Hier sehen Sie ein weiteres exzellentes Beispiel für einen farbigen Grund. Die Anemonen wurden auf einen karmesinroten Hintergrund gemalt (oben), der in der oberen Hälfte zur Bildmitte hin abgeschwächt wurde (rechts), damit die Farben der Blüten besser zur Geltung kommen. Zudem wurde die untere Bildhälfte mit Grüntönen angereichert, um den Krug stärker hervorzuheben. Die Effekte sind sehr unterschiedlich, dennoch zeigt das ganze Bild eine einheitliche Farbharmonie.

F&A Wie stelle ich Schatten wirklichkeitsgetreu dar?

Licht und Schatten lassen uns die Form im Raum sehen. Schatten geben einem Objekt Volumen und stellen das Gegengewicht zu den hellen Bereichen her. Ein typischer Fehler besteht darin, die Schatten einheitlich dunkel zu malen. Die meisten Schatten enthalten eine Vielzahl an Farbnuancen und besonders ausschlaggebend sind die Schattenübergänge, die von scharf begrenzt bis kaum sichtbar über die gesamte Länge variieren können. Auch im Schatten kann sich Licht reflektieren und kleine helle Stellen im dunklen Ganzen bilden. Häufig ist eine Ecke im Schatten bedeutend heller als der Rest. Sehen Sie sich die Schatten sehr genau an, denn oft sind sie zarter und enthalten mehr Licht, als Sie vermuten.

1 Betrachten Sie Ihr Bild immer als Ganzes. Schatten sind nur ein Teil des Lichtspiels bei einem Motiv. Für dieses schlichte Bild mit einer Tasse wurde der Hintergrund in Mittelgrau gemalt. Vorteilhaft ist, dass die Farbe gleichzeitig die mittleren Tonwerte festlegt, sodass Sie nur noch die hellen und dunklen zufügen müssen. Da Sie nicht auf das Weiß des Papiers zurückgreifen können, malen Sie die hellen Bereiche in Titanweiß ein.

2 Die Dicke des Titanweiß beeinflusst die Helligkeit der Lichtbereiche. An den jeweils gewünschten Stellen bewirkt die graue Untermalung gedämpftere Weißtöne und durch deckendere Farbaufträge können hellere Weißnuancen zum Aufhellen bestimmter Bereiche erzielt werden. Wenn Sie zunächst die Vielfalt der Grautöne, die hellen Nuancen und die kleinen Lichtflecken der Lichtreflexionen in den Schatten gründlich studieren, können Sie ihrem Objekt auf dem Tisch ein dreidimensionales Aussehen geben.

3 Sehen Sie sich in diesem Bild den Schatten der Tasse genau an. Er hat weder nur einen einheitlichen Farbton, noch ist er nur eine einfache Kopie der Objektform. Das Licht umspielt die glänzende Oberfläche der Keramik und reflektiert Teile des Tischtuchs in den Schattenbereichen. Das fertige Bild zeigt, wie das weiche Licht, das vom Fenster her einfällt, die Form des Objekts und seinen rauchfarbenen Schatten einfängt.

F & A

Ich habe von sogenannten „Negativformen" gehört. Was bedeutet das?

Negativformen sind quasi der „Leim", der ein Bild oder eine Komposition zusammenhält. Den Zwischenräumen oder kleinen Flächen zwischen festen Objekten wird oft nicht viel Beachtung geschenkt, tatsächlich sind sie aber für das Verständnis der Bildräume von großer Bedeutung. Viele Maler erkennen mit der Zeit, dass die Räume zwischen den Objekten ebenso wichtig und interessant sind, wie die Objekte selbst. Wenn Sie beginnen, die Negativformen als Bestandteil des Bildes zu betrachten, bereichern Sie Ihre Malerei ungemein.

1 Durch die sich überlappenden Zweige und Äste eines Baumes entstehen Formen und Muster, die ein hervorragendes Beispiel für Negativformen sind. Diese Formen sind sofort und leicht erkennbar, weil sich die Positivformen der dunklen Zweige, Blätter und Früchte unglaublich gut vom strahlenden Blau des Himmels abheben.

2 Beginnen Sie, ohne Vorzeichnung mit einer relativ flüssigen Farbe (hier ist es ein helles Blauviolett) nach und nach die Zwischenräume zwischen den Ästen auszufüllen. Dies ist eine gute Übung für eine präzisere Beobachtung und sorgfältiges Malen.

3 Während man die Astzwischenräume genau untersucht, gewinnt man zudem tiefere Einblicke in die Natur des Apfelbaums. An den Stellen, wo sich die Zweige überlappen, gehen die einzelnen Details der Ast- und Blattstrukturen ineinander über.

4 Hier sehen Sie, wie überzeugend die Negativformen in einem Bild das Motiv beschreiben können. Nun können Sie es entweder als interessantes, abstraktes Bild belassen, oder die Positivformen des Baumes hinzu malen.

TIPP

Falls Sie Probleme beim proportionalen Darstellen der Objekte haben, konzentrieren Sie sich anstatt auf die Objekte selbst auf die Formen und Größen ihrer Negativformen. Diese geben Ihnen oft zusätzliche Aufschlüsse über Längen und Abstände, die Ihnen beim simplen Vergleich der Objekte zueinander fehlen.

Rechts Obwohl hier lediglich die Details in den Bereichen um die Figur herum ausgearbeitet wurden, kann man deutlich erkennen, das es sich um einen Menschen handelt.

F & A

Wie lauten die Grundregeln der Perspektive?

Die Anziehungskraft eines Bildes hängt maßgeblich davon ab, wie sehr es den Betrachter mit der Darstellung von Raum und Tiefe überzeugen kann. Während der Renaissance entstanden atemberaubende und illusionistische Bilder, weil ein allmähliches Verständnis für die Gesetze der Perspektive aufkam. Mit Hilfe der Linearperspektive, in der jedes Element in Bezug zur Horizontallinie (auch Augenlinie) gesetzt wird, können wir in unseren Bildern die Illusion von Tiefe schaffen.

Wenn wir die perfekte Illusion von Räumlichkeit erreichen wollen, müssen wir den Betrachter auf die Bildfläche führen. Die effektivste Methode, um dies zu erreichen, ist der Aufbau des Bildes um einen Punkt oder eine Ebene herum, die den Blick des Betrachters sofort anzieht, nämlich die Horizontallinie. Je weiter ein Objekt vom Betrachter entfernt ist, beziehungsweise je näher es zur Horizontallinie liegt, desto kleiner erscheint es und seine Geraden laufen scheinbar alle auf die Horizontallinie zu bis sie schließlich zu einem Punkt konvergieren, dem Fluchtpunkt.

Prägen Sie sich die Theorie in den folgenden Beispielen zur Perspektive gut ein. Mit diesen Kenntnissen können Sie die Stimmigkeit Ihrer Bilder überprüfen.

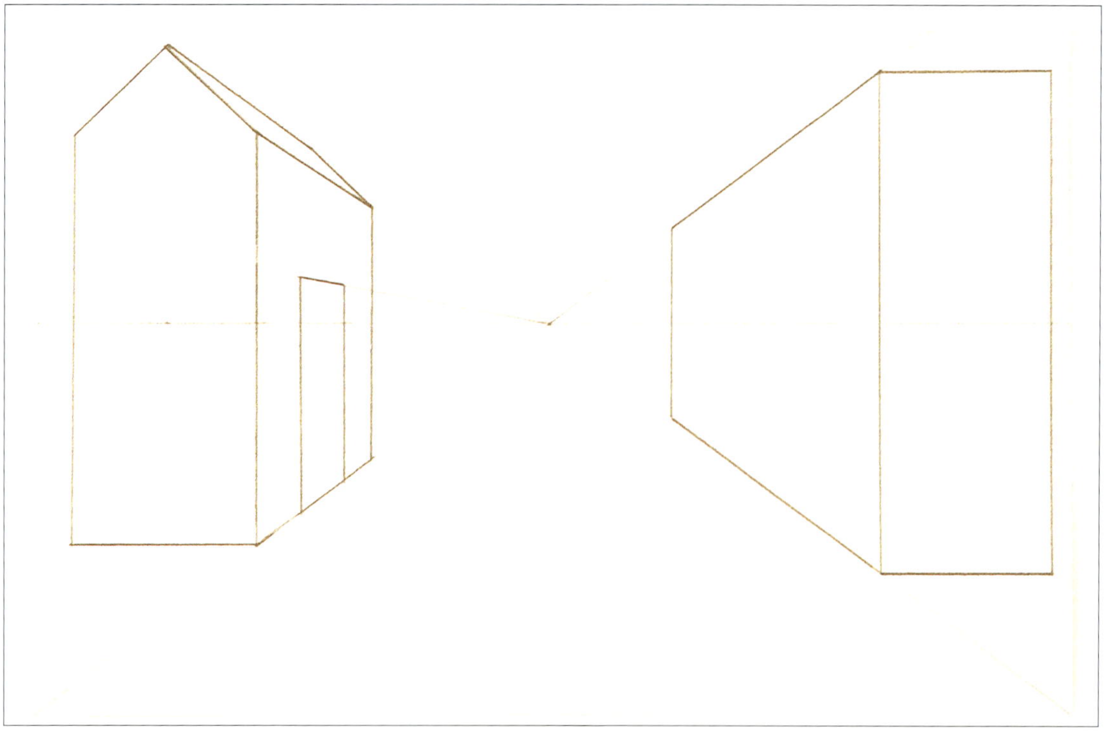

1 Diese Abbildung zeigt ein Beispiel in der einfachsten Form der Linearperspektive: der *Einpunktperspektive*. Die Seiten der beiden Häuserblocks verjüngen sich immer mehr auf den Fluchtpunkt zu, der auf der Horizontallinie liegt. Je höher oder je niedriger die Horizontallinie im Verhältnis zur Augenhöhe liegt, desto steiler werden die Linien.

2 In der *Zweipunktperspektive* blicken wir nicht frontal auf das Gebäude, sodass wir zwei Seiten der Gebäude sehen können, die im 90°-Winkel zueinander stehen. Nun haben wir für jede Seite des Gebäudes einen Fluchtpunkt, also zwei, die sich an unterschiedlichen Stellen auf der Horizontallinie befinden.

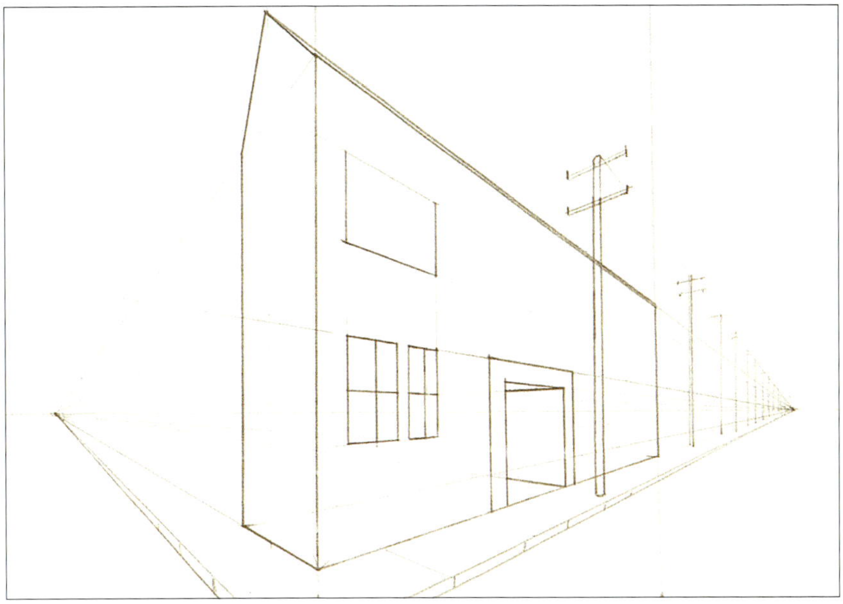

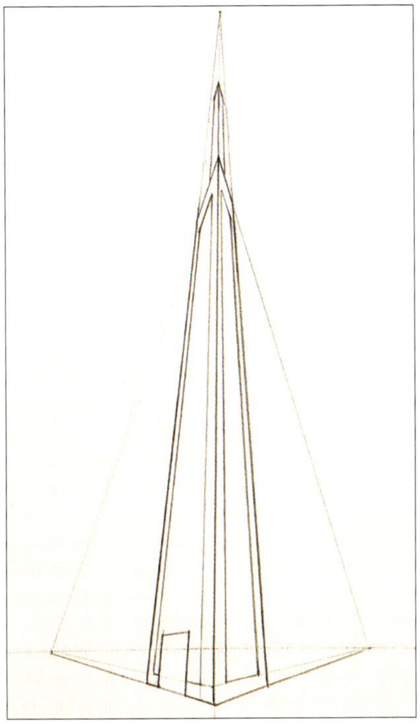

3 Anhand von Fotografien hoher Gebäude haben Sie vielleicht bemerkt, dass sich die Seiten nach oben hin scheinbar verjüngen. Hier sehen Sie ein Beispiel in der *Dreipunktperspektive*, die ein ausgezeichnetes Hilfsmittel ist, um in der Darstellung ein Gefühl von immenser Höhe zu kreieren.

4 Fluchtpunkte treffen sich nicht zwangsläufig in Augenhöhe, wie diese Zeichnung demonstriert. Schiefe Ebenen, wie sie ein chaotischer Stapel von Büchern oder Schachteln zeigt, haben mehrere, verschiedene Fluchtpunkte. Wenn Sie den konvergierenden Horizontalen und Vertikalen folgen, stellen Sie fest, dass sie sich sowohl an Stellen unter- als auch oberhalb der eigentlichen Horizontallinie treffen.

2 Farben in Theorie und Praxis

Sir Isaac Newton (1643–1727) verbreitete die Theorie, dass sich das Farbspektrum aus sieben Farben zusammensetzt: Rot, Orange, Gelb, Grün, Blau, Indigo und Violett. Im Jahre 1704 präsentierte er diese Farben schließlich in einem Kreis angeordnet und schuf damit, was wir als Farbkreis kennen. Dieser berühmte Kreis ist heutzutage die Standardmethode, um Farben anzuordnen.

Einer der schwierigsten Bereiche auf dem Gebiet der Malerei ist die präzise – oder zumindest ästhetische – Darstellung der Farbe. Aus den Primärfarben Rot, Blau und Gelb lässt sich jede andere Farbe mischen, außer Schwarz und Weiß. Da die Farbunterschiede aber oft sehr subtil ausfallen und die Farben leicht verschmutzen können, kann das Mischen von Farben zu einer echten Herausforderung werden.

Selbstverständlich gibt es einige Grundregeln, die Ihnen helfen, gute Mischungen zu erzielen. Allerdings, ein Verständnis dafür, was passiert wenn sich zwei Farben vermischen, die Fähigkeit zu erkennen, welcher Ton der dominante und welcher der schwächere ist, das Wissen, wie man Farben aufhellt, den „unnatürlichen" Effekt vieler gekaufter Farben vermeidet und wieviel Farbe für ein gutes Mischungsverhältnis genau die richtige Menge ist, entwickelt sich nur durch konsequente Praxis und wiederholte Übung.

Finden Sie dann beim Malen heraus, welche Farben Ihnen gefallen und welche nicht, und gehen Sie offenherzig an das Mischen heran. Die Kenntnisse über die grundlegenden Beziehungen der Farben zueinander, wie etwa über kontrastierende und komplementäre Farben, Farbfamilien und Farbmischungen, sind der Einstieg in jede Art von Malerei. Wenn Sie nun noch zusätzlich etwas über Lasuren erfahren und mit bestimmten Farbmischungen experimentieren, wie im folgenden Kapitel, entwickeln Sie rasch ein gutes Gefühl für Farben und Farbmischungen.

F&A

Was sind Sekundärfarben?

Sekundärfarben entstehen aus der Mischung von zwei Primärfarben: aus Rot und Gelb wird Orange, Blau und Gelb ergibt Grün und aus Blau und Rot entsteht Violett. Von den Primärfarben gibt es zudem sowohl „warme" als auch „kalte" Töne. Warme Farben tendieren zu Rot hin, kalte Farben zu Blau. Karmesinrot ist beispielsweise ein kaltes Rot, Kadmiumrot dagegen ein warmes. Um eine tonal reine Sekundärfarbe zu erhalten, mischen Sie zwei Primärfarben, die im Farbkreis nahe beieinander liegen und deshalb eine ähnliche „Temperatur" haben. Möchten Sie also ein reines Orange erzielen, mischen Sie ein Rot und ein Gelb, die beide zu Orange tendieren, wie Kadmiumrot und Kadmiumgelb. Für ein reines Grün mischen Sie ein Blau wie Phthaloblau oder Manganblau mit Kadmiumgelb oder Kadmiumgelb hell. Schwieriger ist es, ein reines Violett zu mischen, aber mit Permanentrosa und sehr wenig Ultramarinblau erzielen Sie die besten Ergebnisse.

1 Der Farbkreis veranschaulicht deutlich, wie aus den Primärfarben durch Mischen die Sekundärfarben entstehen.

2 Dieses Orange ist das Resultat einer Mischung aus Kadmiumgelb und Kadmiumrot, also eine reine, klare Sekundärfarbe.

3 Um dieses kräftige, deckende Grün zu erhalten, mischen Sie Manganblau und warmes Kadmiumgelb. Mit einem kalten Zitronengelb wäre das resultierende Grün viel stechender ausgefallen.

4 Violette Mischungen sehen schnell schmutzig aus. Für ein möglichst klares Violett mischen Sie ein helles Kobaltblau mit Permanentrosa, wie in diesem Beispiel hier.

F & A

Was sind Tertiärfarben?

Sekundärfarben entstehen aus zwei Primärfarben, Tertiärfarben werden aus allen drei gemischt. Wenn Sie zwei Sekundärfarben miteinander mischen, entsteht eine Tertiärfarbe, weil alle drei Primärfarben enthalten sind. Tertiärfarben sind gedämpft, zart und sehen oft schlammig aus. Diesen schmutzigen Effekt erhalten Sie vor allem, wenn Sie zwei gegenüberliegende Primärfarben mischen. Zum Beispiel ergibt das kalte Phthaloblau gemischt mit warmem Kadmiumrot ein bräunliches Violett. Orange und Grün kann Olivgrün ergeben, und Orange gemischt mit Violett ein erdiges Orange.

1 Mit Mischungen aus Sekundärfarben lassen sich satte, dunkle Farben erzielen, völlig ohne die Zugabe von Schwarz, durch das die Farben ohnehin oft leblos und stumpf wirken. Die Mischungen aus Grün und Violett ergeben die dunkelsten Tertiärfarben. In diesem Beispiel wurden nach und nach Violett und Grün vermischt. Beachten Sie, dass die mittleren Streifen sehr dunkle Nuancen zeigen.

2 Hier vermischen sich Kadmiumorange und Violett zu warmen Orangetönen. Mit einem bläulichen Violett wäre das Ergebnis dunkler und erdiger ausgefallen.

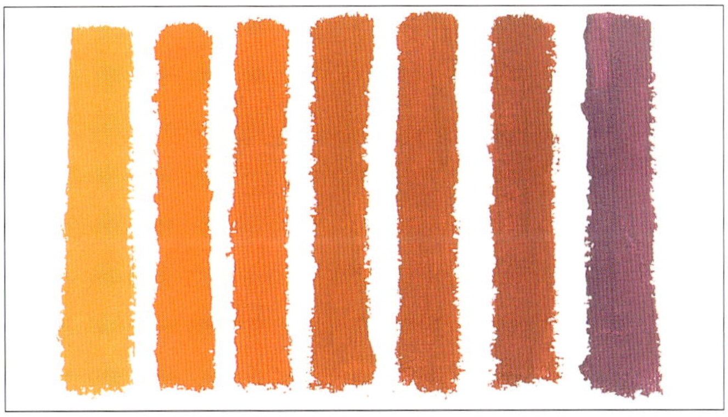

3 Diese Illustration veranschaulicht den allmählichen Übergang von einer Sekundärfarbe (Orange) zu einer anderen (Grün). In diesem Verlauf entstehen verschiedene satte Farben in Olivgrün. Solche Grüntöne können beim Malen von Blattwerk bestimmter Bäume sehr nützlich sein. Beispielsweise tragen die frischen Eichentriebe im Frühling ein orangestichiges Grün, ebenso wie das Baumlaub vieler Bäume im Herbst, wenn es die Farbe wechselt.

F & A

Was sind Komplementärfarben?

Vereinfacht gesagt sind Komplementärfarben diejenigen, die sich im Farbkreis direkt gegenüberliegen. Diese Farbkontraste entstehen, indem man eine Primärfarbe, etwa Rot, neben eine Sekundärfarbe, z. B. Grün, legt. Grün ist komplementär zu Rot, weil es sich aus den verbliebenen beiden Primärfarben Blau und Gelb zusammensetzt. Deshalb ist Orange komplementär zu Blau, und Violett komplementär zu Gelb. Wie bereits erwähnt, sind die sogenannten „Primärfarben", die Sie kaufen, nicht absolut primär, weil sie zu irgendeiner der anderen Primärfarben tendieren. Kadmiumrot tendiert leicht zu Orange und liegt somit näher an Gelb (warm), Karmesinrot dagegen geht mehr ins Violette, liegt also näher zu Blau (kalt). Das heißt, dass die echte Komplementärfarbe zu Kadmiumrot ein Grün mit mehr Blauanteilen sein muss, und das komplementäre Grün zu Karmesinrot muss mehr Gelb enthalten.

1 Diese Farbgruppierung zeigt deutlich, dass Rot als Primärfarbe übrigbleibt, wenn Sie aus Blau und Gelb ein Grün mischen. Rot ist deshalb die Komplementärfarbe zu Grün. In diesem Beispiel wurden Kadmiumgelb und Manganblau gemischt, um dieses Grün zu erzielen, dessen Komplementärfarbe also Kadmiumrot ist.

2 Gelb ist die Komplementärfarbe zu Violett. Um nun das treffendste Violett zu erhalten, wurden hier ein helles Blauviolett und Permanentrosa gemischt – zwei Farben also, die zu Violett tendieren. Würde das Rot mehr in Richtung Orange und das Blau in Richtung Grün gehen, hätte sich ein schmutziges Violett ergeben, das nicht so eindeutig komplementär wirken würde. Beachten Sie, dass die tonalen Unterschiede zwischen Gelb und Violett viel größer sind als bei anderen komplementären Paaren.

3 Blau ist komplementär zu Orange. Das Orange in diesem Beispiel ist das Resultat aus einer Mischung von Kadmiumgelb und Kadmiumrot, die beide warme Farben sind.

F & A

Wie mische ich Farben direkt auf der Leinwand?

Farben können entweder auf der Palette oder direkt auf dem Malgrund gemischt werden. Mischen Sie aber kräftige Farben, wie zum Beispiel Ultramarinblau, stufenweise und nur in kleinen Portionen zu den blasseren Pigmenten, etwa Zitronengelb, damit Sie nicht die eine Farbe mit der anderen übertönen. Probieren Sie unterschiedliche Methoden aus, eine Farbe mit einer anderen zu vermischen, denn so machen Sie sich allmählich mit den Feinheiten bei Farbmischungen vertraut. Experimentieren Sie zunächst mit den verschiedenen Techniken aus den nachfolgenden Beispielen.

1 Acrylfarben trocknen sehr schnell, deshalb müssen Sie die Farben zügig auf Ihrem Bild vermischen. Hier wurden Manganblau und Orange mit dem Pinsel ineinander gemalt, sodass an den Stellen, an denen sich die Farben vermischen, ein grünliches Grau entsteht. Miteinander vermischt tendieren die Komplementärfarben dazu, sich in ihrer Farbwirkung gegenseitig aufzuheben, sodass als Resultat meist ein neutrales Grau entsteht. Je weniger ausgeprägt die Farben zueinander komplementär sind, desto mehr geht die Mischung in Richtung Braun anstatt Grau.

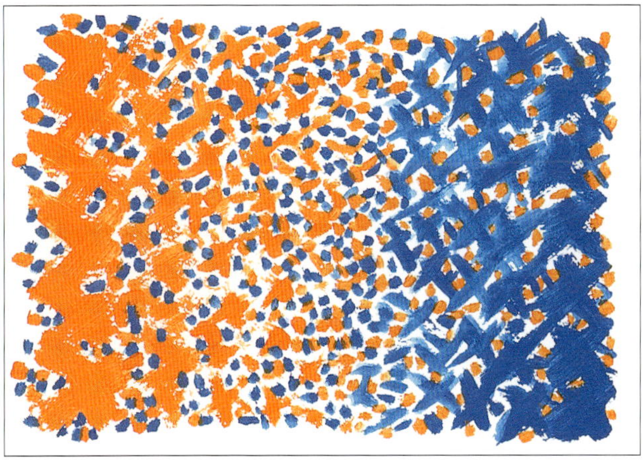

2 Die transparenteren Farben können Sie mischen, indem Sie eine Farbschicht auf eine bereits getrocknete Farbe legen. In diesem Beispiel wurde ein transparentes Orange über ein opakes Manganblau gemalt. Wo das Blau dünner ist, tritt das Orange stärker hervor. Bei dieser Mischtechnik bleiben die einzelnen Farben getrennt und geben den Schichten mehr Wirkung von Tiefe.

3 Dieses Beispiel zeigt die Methode einer additiven Farbmischung von Komplementärfarben. Striche aus reinen Farben werden zueinander gelegt und in immer größeren Menge aufgetragen, sodass die Farben immer stärker gegeneinander wirken bis sich die Intensität der Einzelfarben in der Mitte auflöst.

TIPP

Wie Sie die Farben mischen, hängt nicht zuletzt davon ab, was und wie Sie malen. Wenn Ihr Motiv eine alte Steinmauer ist, werden Sie Ihre Farben nur grob mischen, damit Sie die raue, unebene Maueroberfläche durch gebrochene Farben und uneinheitliche Mischungen wiedergeben können. Möchten Sie aber beim Malen von einer Farbe zur nächsten einen dezenten, abgestuften Übergang erzielen, sind eine sorgfältige Mischung und das Verschmelzen mit einem weichen Pinsel erforderlich.

F & A

Was sind Lasuren und wie beeinflussen sie die Farben?

Seit die Ölfarbe während der Renaissance entdeckt wurde, schätzt man den Farbauftrag Schicht auf Schicht. Durch das abwechselnde Auftragen einer Schicht transparenter und einer Schicht gesättigter Farbe, erzielt man plastische Lasuren, die dem ganzen Bild mehr Tiefe verleihen. Die Acrylfarbe bietet denselben Vorteil, zudem benötigt sie keine Zusätze und trocknet schnell.

Es gibt unzählige Möglichkeiten, das Potential der Lasur auszuschöpfen. In vielen dünnen Schichten aufgetragen eignet sie sich hervorragend für die Darstellung von Motiven wie Seelandschaften, Himmel oder Stillleben mit Glas- oder Keramikobjekten. Durch eine transparente Schicht auf einem farbigen Hintergrund lässt sich eine Illusion von Tiefe im Bild leichter kreieren. Eine Lasur über blassen Farben oder deckendem Weiß verstärkt deren Farbintensität erheblich. Je dunkler der ursprüngliche Farbton ist, desto weniger kann die Lasur ihre Wirkung entfalten.

1 Skizzieren Sie eine farbenreiche Komposition mit hellen bis dunklen Tönen und mit einem Hintergrund in neutraler Farbe und einigen weißen Stellen. Daran zeigt sich am besten, was eine Lasur bewirken kann. Die Umrisse des linken Marmeladenglases hier sind in Permanent Magenta, seine Flächenfarbe ist ein deckendes Orange. Der Apfel ist Kadmiumgelb und das rechte Gefäß Phthalogrün transparent.

2 Verdünnen Sie das Orange bis es eine sehr flüssige Konsistenz hat, und tragen Sie dann die transparente Farbe auf. Das leuchtende Weiß des Papiers wird zwar verschwinden, dennoch wird es weiterhin unter der transparenten Lasur so stark schimmern, dass wir seine Farbe sehen können.

3 Hier wird die Wirkung der Tiefe deutlich spürbar, die eine transparente Lasur wie diese in einem Bild schaffen kann. Beachten Sie auch, dass das linke Marmeladenglas in der Lasur wie in einem Farbnebel versinkt und das grüne Glas nun sehr gedämpft erscheint.

4 Malen Sie die Deckelfolien der beiden Marmeladengläser in Titanweiß hinzu. Anschließend legen Sie Permanentrosa auf den Apfel, um ihm mehr Festigkeit zu geben. Mit weiteren Schichten in transparentem Orange und Permanentrosa sorgen Sie außerdem für mehr Tiefe bei den Faltenwürfen des Tuches.

5 Als letzten Schliff fügen Sie nun mit Titanweiß die Etiketten der Gläser hinzu und malen einige Glanzstellen auf die Deckelfolien. Beachten Sie, wie durch die Transparenz der Lasur die opaken Weißstellen hervorgehoben werden. In einem detaillierteren Bild könnten auf bestimmte Bereiche Lasuren mit anderen transparenten Farben gemalt werden. Um das Bild mit weiteren farbigen Glanzstellen auszuschmücken, kann man zunächst auch ein deckendes Weiß auftragen und darüber eine Lasur in transparenter Farbe legen.

Rechts *Birne in Lasurmalerei*
Diese Studie einer Birne entstand auf einem Hintergrund in mattem Gelb mit einer kleinen Stelle in Titanweiß. Alle Schatten und Farbnuancen wurden ausschließlich mit Lasuren aufgebaut. Über das Gelb wurden mehrere Lasuren in Ultramarinblau gemalt, um nach und nach die schwach grünen Spuren auf der gesamten Birne zu entwickeln, während die gelbbraune Unterseite mit einer Lasur in Naphtolkarmesin kreiert wurde. Die hauchdünnen Farbschichten geben der Fruchtoberfläche Volumen und Glanz.

F&A

Wie treffe ich die zarten, pastelligen Nuancen in Rosa beim Malen von Blumen?

Rosatöne sind ziemlich problematisch und oft schwer zu mischen. Es wird Ihnen nicht gelingen, das Rosa von Geranien, Nelken oder Chrysanthemen mit gewöhnlichen roten Primärfarben zu mischen. Mischungen aus Kadmiumrot variieren von rosa-orangenen Tönen bis hin zu satten erdbeerfarbenen Rosatönen. Diese Farben sind jedoch viel zu kräftig und zu grell für ein zart nuanciertes Blütenrosa. Wesentlich dezentere und zartere Rosa erzielt man mit Mischungen aus transparenten Farben wie Permanentrosa, Chinacridon Rot und Chinacridon Violett. Mit ihren Mischungen können Sie die subtilen und zarten Nuancen am präzisesten treffen.

1 Die Farbtafel oben illustriert die Vielfalt an Rosafarben, die Sie aus den Mischungen von unterschiedlichen Anteilen Titanweiß mit Permanentrosa (linke Spalte), Chinacridon Rot (mittlere Spalte) und Kadmiumrot dunkel (rechte Spalte) erhalten. Erstellen Sie Ihre eigene Farbkarte mit Rosatönen, auf die Sie beim Blumenmalen zurückgreifen können.

2 Fertigen Sie eine leichte Bleistiftskizze Ihrer Komposition an, die die Formen der zarten Blütenblätter exakt wiedergibt. Vermeiden Sie kräftige Striche und grob radierte Stellen, sie bleiben durch die zarte Lasur hindurch sichtbar. Malen Sie die Stängel, die Blätter und die Flasche ein, damit Sie die Rosatöne darauf abstimmen können.

3 Grundieren Sie die Blüten einzeln mit verdünntem Permanentrosa. Bringen Sie beim Malen der Blüten etwas Geduld auf, denn wenn Sie die Farben zu schnell auftragen, verlaufen sie ineinander und Sie verlieren die Form der Blumen.

4 Malen Sie mit einer intensiveren Mischung aus demselben Permanentrosa, die weniger stark mit Wasser verdünnt ist, nochmals über die Blütenblätter. Die hellen Stellen auf den Blüten sparen Sie beim Malen aus und belassen es bei der blassen Farbe der Untermalung.

TIPP

Der einfachste Weg, eine Farbe aufzuhellen, scheint die Zumischung von Weiß. Dies führt aber oft zu stumpfen Farben, besonders wenn diese deckend sind. Eine andere Lösung, die Farbe aufzuhellen und gleichzeitig ihre Reinheit zu bewahren, ist das Auftragen einer hauchdünnen, transparenten Farblasur auf eine leuchtend weiße Untermalung.

5 Zum Schluss malen Sie die gelben Blumenköpfe. In diesem Beispiel wurde eine Mischung aus Hookersgrün und Paynesgrau über die dünn aufgetragene Schicht in der Grundfarbe Kadmiumgelb gesprenkelt.

S Studie: Blühende Artischocken vor einem Swimmingpool

Wenn Sie bunte Farben mögen, sind Blumen das perfekte Motiv. Zudem stellen sie den Anspruch an den Künstler, die passenden Farben in seinem Sortiment zu erkennen und zu finden. Die rosa, kirschroten, violetten und tiefroten Farbtöne gehören zu den schwierigsten Mischaufgaben. Damit Sie die Frische der Blumen beschreiben können, sollten Sie die Farben pro Mischung auf ein Minimum beschränken. Je mehr Farben Sie zusammen mischen, desto stumpfer wird das Ergebnis.

1 Beginnen Sie mit einer einfachen Pinselskizze in Chinacridon Blauviolett, das Sie mit Wasser solange verdünnen, bis die Konsistenz der Farbe das Zeichnen von flüssigen Linien erlaubt. Halten Sie die Zeichnung relativ schlicht und lassen Sie die Strukturen und Details der Artischocken zu diesem Zeitpunkt noch außer acht.

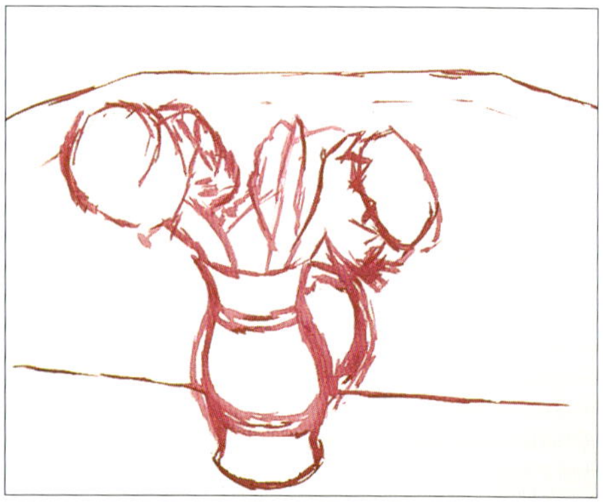

2 Tragen Sie eine dünne Lasur in Permanentrosa transparent auf. Dadurch schaffen Sie sofort eine Basis, auf der Sie die folgenden Rosatöne und die Umgebungsfarben in einen Bezug zueinander setzen können.

3 Manganblau, eigentlich ein Mischton aus Phthaloblau, Grün und Titanweiß, eignet sich hervorragend für die Darstellung des Wassers im Swimmingpool hinter dem Krug. Verwenden Sie diese Farbe auch, um die Konturen der Artischockenköpfe auszuarbeiten und sie von der Farbe des Hintergrunds abzuheben.

4 Malen Sie das Wasser im Pool mit verschiedenen grünlichen Blautönen aus dem vorigen Arbeitsschritt. Anschließend nuancieren Sie die äußere rechte Ecke mit einer Mischung aus hellem Blauviolett und Titanweiß, um das vom Pool reflektierte Licht darzustellen. Diese blauen Flächen sind sicherlich der perfekte Hintergrund für die pulsierenden Farben der Pflanzen.

5 Für den sonnendurchfluteten Garten hinter dem Pool verwenden Sie eine Mischung aus Gelber Ocker und Titanweiß. Malen Sie in diesen Abschnitt keine ablenkenden Details, sondern lassen Sie die Fläche einen warmen Kontrast zum kalten Inhalt des Pools bilden.

6 Als Vorbereitung für die spätere Farblasur tragen Sie Titanweiß großzügig auf die Artischockenköpfe auf. Verwenden Sie den langen Haarkörper eines Fresko-Pinsels, um mit kurzen, schwungvollen Strichen die feinen, dichten Fasern der Blüten auszuarbeiten.

7 Mit dem Ende des Pinselstiels kratzen Sie nun in die Schicht des Titanweiß und legen so stellenweise das darunterliegende blasse Permanentrosa frei. Dadurch sorgen Sie für mehr Struktur und lockern die komplexe Vielfalt der Rosatöne auf.

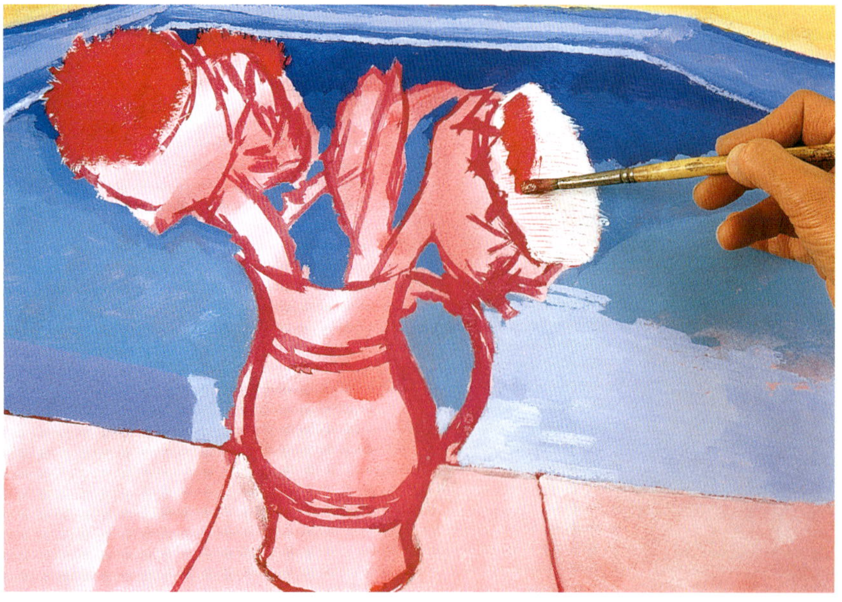

8 Chinacridon Magenta ist ein intensives, transparentes Rotviolett und entspricht ziemlich genau dem Farbton, den Sie für die Artischockenköpfe benötigen. Verdünnen Sie es so stark, dass der weiße Untergrund der Farbe die gewünschte Leuchtkraft gibt, und tragen Sie die Farbe auf jeden Blütenkopf einzeln auf.

9 Für die fleischigen Blätter und Stängel der Pflanze nehmen Sie eine Bandbreite an unterschiedlichen Nuancen aus Hookersgrün, Hookersgrün tief und Olivengrün. Tragen Sie in den Bereichen, die das Licht reflektieren, die Farbe nur sehr dünn auf, damit sie mehr Leuchtkraft entwickeln kann. Wo Schatten entstehen, tragen Sie die Farbe dagegen dicker auf.

10 Bevor Sie sich nun dem Krug zuwenden, studieren Sie zunächst sorgfältig, wo Licht und Schatten einfallen. Wenn Sie nun den Bauch des Kruges malen, können Sie sich die Untermalung in Permanentrosa zu Nutze machen, indem Sie das Titanweiß an leicht schattigen Stellen sanft in das Rosa übergehen lassen. In die Rillen der Rundungen am oberen und unteren Ende des Krugs malen Sie verschiedene Nuancen von Chinacridon Gold sowie die Streifen in Kobaltblau.

11 In diesem Stadium ist das Bild schon nahezu fertig. Die Gesamtkomposition und die Anordnung der Farben steht, von nun an geht es um die letzten Handgriffe, um dem Bild durch Details an den Artischocken und den Fliesen des Pools den letzten Schliff zu geben.

12 Als würden sie in einer Tasse stecken, so quellen die Fasern der Artischocken aus den überlappenden, diamantförmigen Blättern. Lassen Sie beim Kolorieren der Blattflächen mit Hookersgrün stellenweise etwas Chinacridon Magenta durchscheinen, damit die Blätter etwas tiefer und plastischer wirken.

13 In der Mitte der Blüten gibt es einige dunklere Flecken. Malen Sie diese allmählich und sorgfältig ein, damit die Farbe nicht zu gewichtig und plump wirkt. Verwenden Sie hierfür eine Mischung aus zwei transparenten Farben – Chinacridon Magenta und Hookersgrün –, die Sie dünn auftragen. In die noch nicht getrocknete Farbe kratzen Sie mit dem Pinselstiel feine Linien, um die darunterliegende Farbe freizulegen. Dadurch bekommen die inneren Blütenköpfe mehr Struktur.

14 Diese zusätzlichen Details lassen die Blüten nun dreidimensional wirken und zudem treten die Pflanzen mehr aus dem blauen Hintergrund des Pools hervor. Der Vordergrund und die intensiven Farben ziehen das Auge an.

15 Mit einer Mischung aus Manganblau und einer Spur Titanweiß tönen Sie den Pool hinter dem Krug dunkler, um ihn zu präzisieren.

16 Um dem Bild den letzten Schliff zu geben, malen Sie auf die Fliesen im unmittelbaren Vordergrund eine Mischfarbe aus Titanweiß und Pergament. Dadurch bleiben die tiefen, kräftigen Farben der Hauptelemente im Wesentlichen auf den Bereich der mittleren Bildebene konzentriert.

3 Stillleben

Vergleicht man den deutschen und den französischen Begriff für dieses Genre miteinander, sind sie scheinbar gegensätzlich. Der französische Ausdruck *nature morte* (zu deutsch „tote Natur") geht wahrscheinlich in die Zeit zurück, als Stillleben hauptsächlich bei der Jagd erlegte Tiere abbildeten. Der deutsche Begriff Stillleben dagegen bezeichnet ein lebendes Objekt, das sich in einer Art Ruhezustand befindet. Wie auch immer der Begriff definiert sein mag, üblicherweise befindet sich das Stillleben im häuslichen Bereich, nimmt relativ wenig Fläche ein und offeriert dem Künstler als Motiv vor allen Dingen die Möglichkeit, beim Malen der kontrastierenden Objektoberflächen sein Können unter Beweis zu stellen.

Jean-Siméon Chardin (1699–1779) zum Beispiel liebte es, die glänzende Oberfläche von Zinn in Kontrast zu rosigen Pfirsichen zu setzen. Die holländischen Maler des siebzehnten Jahrhunderts komponierten höchst gekünstelte Arrangements mit hoher Symbolkraft. Die „Memento Mori"- oder „Vanitas"-Gemälde waren Gleichnisse, die den Betrachter an die Vergänglichkeit des Lebens erinnern sollten. In diesen Bildern fanden sich deshalb Totenköpfe, Bücher, Kerzen, Sanduhren und wurmige Früchte. Auch viele zeitgenössische Künstler entdeckten die Faszination dieses Genres für ihre Kunst, angefangen von Giorgio de Chirico und seinen Kontrasten durch klassische Büsten mit Gummihandschuhen bis hin zur aggressiven und ängstlichen Stimmung in Pablo Picassos Bildern von Lebensmitteln aus der Kriegszeit.

Die Gemeinsamkeit, die alle großen Maler von Stilleben verbindet, ist ihr besonderes Gespür für Objekte und ihre Fähigkeit, dem sonst so Alltäglichen eine besondere Bedeutung zu verleihen. Im siebzehnten Jahrhundert wäre eine Stillleben wohl das Arrangement aus einem toten Hasen, einem Pulverhorn, einer Muskete und einem Lederbeutel gewesen. Heutzutage fällt die Wahl der Künstler auf völlig andere Objekte, nämlich solche, die sie in der Neuzeit umgeben, und die Teil ihres modernen Lebens sind. In den 1960er Jahren schuf der amerikanische Künstler Tom Wesselmann Stillleben aus alltäglichen Konsumartikeln und arbeitete seine Vorlagen manchmal als Collagen in die gemalten Versionen ein.

Die Darstellung von Stillleben könnte nur deshalb Probleme bereiten, weil die Auswahl an Objekten so riesig und kaum zu überblicken ist. Spiegelnde Oberflächen, Stoffarten, von Früchten bis hin zu Blütenblättern und all die Strukturen, Formen und Farbvarianten verlocken den Maler und machen das Stillleben als Motiv so reizvoll.

Sie könnten beispielsweise ein Stillleben aus Ihrem Wocheneinkauf arrangieren: Cornflakes, ein Netz Orangen, ein frischer Fisch und eine Flasche Wein. Wahlweise können Sie die Objekte entweder sorgfältig und sortiert auf dem Küchentisch platzieren oder ungeordnet aus der Einkaufstüte auf den Fußboden rollen lassen. Welche Objekte Sie darstellen, spielt eigentlich keine Rolle, solange sie optisch interessant sind und eine spannende Komposition ergeben. Wie in allen anderen Bereichen der Malerei auch liegt das Geheimnis eines meisterlichen Stilllebens darin, die Objekte genau zu studieren und sie dann so darzustellen, dass sie den Betrachter fesseln und seinen Blick auf sich ziehen.

F&A

Wie finde ich den besten Einstieg zum Malen eines Stilllebens?

Wählen Sie für Ihr erstes Stillleben unbedingt Objekte, die Sie persönlich interessant finden. Beginnen Sie mit einfachen Dingen, wie Früchten, Blumen oder alltäglichen Haushaltsgegenständen. Der nächste Schritt ist dann das Arrangement der Objekte für die Komposition. Halten Sie den Aufbau möglichst schlicht. Ihr Ziel ist es, die einzelnen Elemente in einen Bezug zueinander zu setzen, ohne sie unnatürlich wirken zu lassen. Auch das Licht spielt eine große Rolle. Überlegen Sie sich, ob Sie eine direkte künstliche Beleuchtung, oder lieber den weichen Lichteinfall durchs Fenster nutzen möchten.

1 Beginnen Sie mit dem Anordnen Ihrer Objekte, sodass ein optisch interessantes Arrangement entsteht. Trotz ihrer Schlichtheit ergeben die unterschiedlichen Formen von Kürbis, Holzbrett, Messer und Kürbisscheibe eine ansprechende Komposition. Tragen Sie als Untermalung zunächst eine Mischung aus Siena natur und Kobaltblau auf. Dann fertigen Sie eine rasche Pinselskizze in einem Ton aus Siena natur und Titanweiß an, und halten dabei die Proportionen der Objekte passend zum Papierformat. Malen Sie das Brett in dieselben Mischung.

2 Tragen Sie nun die Grundfarben für Ihre Objekte auf. Denken Sie daran, dass das Bild als Einheit wirken muss, aber auch die einzelnen Elemente zur Geltung bringen soll. Mit Pinselstrichen kreieren Sie die einzelnen Strukturen, wie die matte, leicht staubige Kürbisoberfläche im Kontrast zum glatten, glänzenden Metall des Messers. Für das Kürbisstück nehmen Sie reichlich Gelb. Da diese Farbe halb transparent ist, wird ihre Wirkung durch die hellgraue Untermalung noch verstärkt.

3 Das dunkelste Element der ganzen Komposition ist der Griff des Messers. Er wird ein visuell anspruchsvoller Teil des fertigen Bildes sein. Der Griff wurde diagonal in die Komposition eingebracht, damit er den Blick weiter nach oben in das Bildzentrum lenken kann. Malen Sie den Griff mit einer Mischung aus Oxidrot und Ultramarinblau. Anschließend fügen Sie die Glanzstellen in Titanweiß ein und schöpfen dabei alle Vorteile der Untermalung aus. Ebenso gehen Sie beim Kreieren der Schatten vor und nutzen auch hier die Verstärkung der dreidimensionalen Wirkung.

4 Malen Sie die wichtigsten Farbfelder ein, wie das Gelb und das Ultramarinblau auf der Innenseite der Kürbisscheibe. Dann fügen Sie in einer Mischung aus Kadmiumorange und Ultramarinblau die größten Schatten hinzu, wie den auf der Schale der Kürbisscheibe, sowie den Schatten auf dem Brett. Berücksichtigen Sie dabei den Lichteinfall und legen Sie die Schatten entsprechend und folgerichtig an.

5 Als nächstes malen Sie die leichten Farbwechsel am Stiel des Kürbis hinzu. Verwenden Sie hierfür dieselbe Farbe wie für den Schatten des Bretts, also die Mischung aus Siena natur, Kadmiumorange und Ultramarinblau. Die im Schatten liegende Seite des Stiels nuancieren Sie mit mehr Ultramarinblau dunkler.

TIPP

Arrangieren Sie Ihr Stillleben mit einer Vielfalt an Formen und Strukturen. Setzen Sie Rundungen neben glatte Oberflächen, spiegelnde neben matte und große Objekte neben kleine, um auch das proportionale Skizzieren zu üben. Für ein Gefühl von Geschlossenheit ordnen Sie einige Objekte überlappend an, und zudem in der Gruppierung nach hinten oder vorn versetzt, also näher zu Ihnen oder weiter weg. Suchen Sie nach klaren Linien, wie hier das Messer, und nutzen Sie diese für dramatische Effekte.

6 Jetzt können Sie schon mit den letzten Details beginnen. Für den dunklen Rand der Messerklinge malen Sie eine Spur Kobaltblau sanft mit dem Pinsel ein, nutzen dabei aber die Untermalung als Hauptfarbe. Zum Abschluss fügen Sie auf dem Kürbis die dünnen Maserungslinien hinzu, indem Sie eine Mischung aus Kadmiumorange und Ultramarinblau zart mit dem Pinsel auftragen.

F&A

Meine gemalten Objekte sehen immer flach aus. Wie kann ich sie dreidimensional darstellen?

Es ist nicht schwer, ein Objekt überzeugend dreidimensional zu malen, aber dafür muss man genau studieren, wie das Licht auf die Form trifft. Durch das Spiel von Licht und Schatten auf den Formen können wir ihre drei Dimensionen erkennen: Die hellsten Stellen sind der Lichtquelle am nächsten, und die Schatten entstehen an Stellen, die durch Ecken oder Rundungen vor dem Licht geschützt sind.

Wenn Sie sich bewusst machen, wie sich das Licht auf die Oberflächenstrukturen und die Farben eines Objektes auswirkt, ist es relativ einfach, einen Kreis in eine Kugel und eine Kugel in eine Orange zu verwandeln, wie das folgende Beispiel zeigt. Oft entsteht schon durch die simple Tonabstufung sofort eine dreidimensionale Wirkung. Meist werden Sie aber die Oberflächenstruktur genau darstellen und dem Objekt durch Licht und Schatten „Gewicht" geben müssen. Behalten Sie beim Malen immer im Auge, wo die Lichtquelle liegt und welche Schatten auf das Objekt fallen und welche es selbst wirft.

1 Um eine einfache, dreidimensionale Darstellung einer Orange anzufertigen, skizzieren Sie zunächst den groben Umriss in Blau. Anschließend füllen Sie die Fläche der Form mit Kadmiumorange. Dabei tragen Sie die Farbe an der Oberseite der Orange dünner auf, um darzustellen, wie das Licht auf die kleine Einkerbung des Stiels fällt.

2 Sobald die Form der Orange ausgefüllt ist, beginnen Sie mit dem Schattenwurf. Nehmen Sie hierfür eine Mischung aus Blau, Titanweiß und einer winzigen Menge Kadmiumorange. Schatten sind keine einheitlichen Farbflächen und in dem Schatten, den die Orange wirft, taucht stellenweise reflektiertes Licht auf. So ist auch die Mitte des Schattens heller, da sie durch das weiche Licht, das die Oberfläche der Orange zurückwirft, schwach beleuchtet wird.

3 Für die Schatten auf der dunklen Seite der Orange brauchen Sie keine große Farbvielfalt. Tragen Sie dieselbe Mischung wie soeben mit etwas mehr Blau in kleinen Strichen auf, um die Struktur der Schale zu beschreiben.

4 Anschließend fügen Sie mit einer Mischung aus Titanweiß und Kadmiumorange die Glanzstellen ein. Tupfen Sie die Farbe auf, um dabei die Struktur der Orangenschale zu definieren. Glanzlichter sind schnell überbetont dargestellt und häufig sieht man als typischen Fehler, dass sie viel zu weiß sind. Dann aber passen sie nicht mehr zu den übrigen Lichtverhältnissen, die das Bild repräsentiert. Vergleichen Sie beim Malen der Glanzstellen die Farbe mit anderen hellen Stellen, oder gar mit etwas Weißem, um sicherzugehen, dass Sie jede farbliche Übertreibung vermeiden.

5 Durch die genaue Übertragung der Nuancen von Licht und Schatten hat sich dieses Bild einer Orange von einer flachen, orangenfarbenen Form zu einer strukturierten, dreidimensionalen Darstellung der Frucht entwickelt.

Rechts *Formgebung durch Schatten*
Hier können Sie deutlich erkennen, dass sich die Lichtquelle links im Bild befindet. Die dunkelsten Schatten liegen rechts der Objekte, aber das Tischtuch reflektiert etwas Licht in die unteren Schattenbereiche der Orangen. Zwar verstärken die waagrechten Streifen auf dem Krug die dreidimensionale Wirkung etwas, doch letztendlich sind es die immer dunkler gestuften Brauntöne an den Rundungen, die das Objekt plastisch vom Hintergrund hervorheben.

F & A

Wie male ich die Faltenwürfe in meinem Stillleben so, dass sie echt aussehen?

Drapierte Stoffe, die Falten werfen, sind ein Standardelement in Stillleben und können die Komposition erheblich aufwerten. Es ist durchaus sinnvoll, dass Sie das Malen von Stoffen solange üben, bis Sie sich sicher genug fühlen, ein solches Element in Ihr Bild zu integrieren. Zunächst drapieren Sie einen Stoff über einen Stuhl oder legen ihn entsprechend auf einem Tisch zurecht, sodass ein gut sichtbarer Faltenwurf entsteht. Dann richten Sie eine starke Lichtquelle ein, die deutlich Licht und Schatten erzeugt.

Wenn Sie den Stoff richtig beleuchten, sind die Faltenformen klar definiert. Falls Sie ausschließlich Kunstlicht verwenden, können Sie die Schattenwürfe sogar präzise steuern. Andererseits bereichern die warmen und kalten Töne einer Kombination aus Natur- und Kunstlicht das Farbspektrum des Stoffs.

MATTE TEXTILIEN

1 Fertigen Sie zunächst eine grobe Skizze der Stoffkonturen an: die Enden, der Saum (falls vorhanden), die wichtigsten Schattenbereiche und die Konturen der größten Falten.

2 Als nächstes bringen Sie mit einer Mischung aus Creme und Weiß die hellsten Töne des Stoffs ein und variieren den Farbton stellenweise, wenn nötig. Für die dunklen Töne nehmen Sie Paynesgrau mit einer Spur Weiß. Lassen Sie die Schattenfarbe sanft in die creme-weiße Farbe übergehen.

3 Sobald Sie mit den dunklen Tönen fertig sind, malen Sie mehr creme-weiße Farbe ins Bild und nuancieren dabei die Schatten und Falten weicher.

GLÄNZENDE TEXTILIEN

1 Legen Sie eine dünne Lasur über den gesamten Seidenstoff und verwenden Sie als Farbe ein transparentes Grün, damit die Falten sichtbar bleiben.

2 Auf seidigen Textilien sieht man schnell die Unterschiede zwischen natürlichem und künstlichem Licht. Malen Sie die Stoffpartien, auf die das warme Licht fällt, mit einer Mischung aus Hookersgrün und Permanentgrün hell und nehmen Sie für die mit kaltem Licht beleuchteten eine Mischung aus Transparentgrün, Aquamarin hellgrün und Kobalttürkis. Achten Sie darauf, dass Sie die adretten Formen der einzelnen Falten beibehalten.

3 Auch das Rosa im Stoff reagiert unterschiedlich auf die beiden Beleuchtungsarten. Nehmen Sie Permanent Magenta für die durch das kältere Licht beleuchteten Stellen und für die, auf die das warme Licht fällt, Orange. Die dunkelsten Schatten malen Sie mit Paynesgrau, um den Faltenwurf zu konkretisieren.

Rechts Das weiße Tuch ist in diesem Stillleben fast genauso wichtig wie die Objekte, die auf ihm stehen. In den Stoff wurden zwar keine Konturen gemalt, aber die Farbwechsel in den Schatten zeigen deutlich, wie das Tuch über die Tischkante fällt.
Die harten Übergänge an den Seiten verstärken die Wirkung des Tischtuchs in der Bildmitte.
Die blassen Lichtpartien ziehen das Auge an und führen es durch die gesamte Komposition, vom weißen Tuch bis zu den weißen Blumen. Obwohl die Farben des Tuchs eher zart und gedämpft sind, zeigen Sie doch Spuren von Rot und Orange und bringen Ruhe in die ansonsten lebhafte Komposition.

F & A

Wie perfektioniere ich meine Darstellung von Glas?

Klares Glas spiegelt seine Umgebung nicht so umfassend wieder, wie es bei Metall der Fall ist. Zudem sieht man durch Glas hindurch die dahinter befindlichen Objekte und durch die Schwankungen in der Glasstärke entstehen Verzerrungseffekte, die es augenscheinlich so schwer machen, die Substanz des Glasobjektes darzustellen, ohne seine Transparenz zu verlieren. Dennoch ist es genau dieser Mangel an Substanz, der Glas für die Malerei so faszinierend macht. Beim Malen von Glas sollte das Hauptziel sein, die Form des Glases durch die umliegenden Farben und die Reflexionen des Lichts darzustellen. Auch hier bestimmt das Spiel von Licht und Schatten die Form des Objekts.

1 Beginnen Sie mit einem schlichten, leeren Glas auf einem blanken Hintergrund. Skizzieren Sie mit Paynesgrau und Orange grob die Umrisse. Hier handelt es sich um ein mittleres Grau, das also weder warm noch kalt, sondern relativ neutral ist.

2 Als Nächstes füllen Sie die Fläche des Hintergrunds mit Farbe – in diesem Fall mit Hellblau – und lassen dabei um sämtliche Umrisse des Glases einen weißen Rand stehen. Anschließend fügen Sie noch die Reflexionen des Hintergrunds auf dem Fuß des Glases ein.

3 Für den Vordergrund nehmen Sie eine kräftige, transparente Farbe wie etwa das Chinacridon Rot, das hier verwendetet wurde. Malen Sie diesen Farbton auch in das Glas, wo der Hintergrund durch den Fuß zu sehen ist. Da die Farbe transparent ist, tönt sie das bereits aufgetragene Blau unterhalb des Glaskelches dunkler und lässt dadurch ein Gefühl von Volumen und Dichte entstehen.

5 Fügen Sie nun die Glanzstellen auf der hinteren Innenseite des Kelches ein. Dadurch erhöht sich auch die dreidimensionale Wirkung. Stellen Sie die Struktur des Glases mit Pinselstrichen dar: Gerade senkrechte Striche für glattes Glas oder kurze waagrechte für leichte Struktur, wie hier im Bild. Bauen Sie die Glanzlichter stufenweise auf, Sie können sie später jederzeit noch verstärken.

4 Die Abschnitte, in denen das Glas dicker erscheint, tönen Sie mit einer dichteren, pastosen Mischung der Skizzenfarbe aus Paynesgrau und Orange dunkler. Nun nimmt das Glas langsam Form an und zeigt ein ausgewogenes Verhältnis von Transparenz und Substanz.

TIPP

Bei farbigem Glas oder einem mit Flüssigkeit gefülltem treten auch leichte Farbveränderungen und zusätzliche Lichtreflexionen in der Flüssigkeit auf. Beobachten Sie deshalb genau und malen Sie exakt das, was Sie sehen.

6 Zum Abschluss malen Sie den leichten Schatten, den das Glas auf die Tischoberfläche wirft. Vermeiden Sie jede Übertreibung, sonst könnte die Studie zu schwerfällig wirken. Es ist immer noch besser, sie etwas unvollendet zu lassen, als sie kompakt zu präzisieren und dabei die Transparenz des Glases einzubüßen.

S Studie: Stillleben mit eingeschränkter Palette

Entsteht das Bild mit nur wenigen Farben – besonders, wenn die Auswahl auf relativ dezente Erdfarben fällt – wirkt es im Ergebnis oft sehr ruhig. Das grelle Gelb der Studentenblume in diesem Stillleben belebt und betont die eher leisen Farben, ohne die gesamte Atmosphäre zu zerstören. Diese Farbe ausgenommen, ist die Palette für das gesamte Bild auf Umbra natur, Chinacridon Gold, Titanweiß, Olivengrün und Paynesgrau beschränkt.

1 Skizzieren Sie die Komposition mit einem Pinsel in Umbra natur. Die Lage der Ecken des Deckchens zum Papierrand sowie die Abstände und die dazwischen liegenden Formen sind jeweils für sich betrachtet wichtige und bewusst geplante Elemente des Arrangements.

2 Fügen Sie die Details der wichtigsten Schatten und die Falten des Deckchens hinzu. Tönen Sie die Oberfläche des Tischtuchs in Olivengrün, und verdünnen Sie die Farbe so stark, dass sie transparent ist.

3 Für das Deckchen nehmen Sie eine Mischung aus Olivengrün und Chinacridon Gold. Das schafft eine warmes Bildzentrum als Kontrast zu den kalten Farben des Hintergrunds und der Flaschen.

4 Als Nächstes verwenden Sie ein stark verdünntes Paynesgrau und deuten damit die zarten Schatten auf der Wand hinter dem Stillleben an.

5 Die Schatten auf den Flaschen malen Sie mit einer abgestuften Lasur in Paynesgrau. Die linke Seite der großen Flasche liegt im Schatten und ist daher dunkler als die Wand. Auf ihre rechte Seite dagegen fällt das Licht und dadurch ist sie viel heller als die Wand.

6 Beachten Sie, dass die dickwandige Glasflasche die Form des Tuchs dahinter verzerrt. In den Flaschenwinkeln und auf die Ränder zu sind die Farben massiver und dunkler. Verwenden Sie hierfür verschiedene Mischungen aus Olivengrün, Gold, Paynesgrau und Titanweiß.

7 Wie Sie wissen, trocknen Acrylfarben ungemein schnell. Deshalb sollten Sie die Farbe beim Füllen einer großen, leeren Fläche wie bei dieser Wand hier, ziemlich rasch auftragen, um harte getrocknete Farbränder zu vermeiden.

8 Obwohl die Schatten auf dem Deckchen eigentlich sattere Farben beinhalten, halten Sie sich in dieser Übung dennoch strikt an die eingeschränkte Palette und nehmen als Schattenfarbe Paynesgrau in unterschiedlichen Mischungen mit Chinacridon Gold. Für die gedämpften Glanzstellen auf den Tuchfalten, die innerhalb der Schatten auftauchen, verwenden Sie nur wenig und sehr verdünntes Titanweiß.

9 Als Nächstes malen Sie die Falten auf der stark beleuchteten Deckchenseite, in denen sich das Licht fängt. Achten Sie dabei sehr genau auf die Farbübergänge, ob sie weich sind und die Farben stufenweise ineinander übergehen, oder ob der Farbwechsel ganz im Gegenteil abrupt ist und scharf getrennte Farbfelder bildet. Immer dort, wo ein Knick die gewölbte Falte halbiert, sind Licht und Schatten viel klarer begrenzt.

10 Beachten Sie auch, dass sich die große weiße Flasche in der eckigen Flasche spiegelt und die Farben des Stoffs, die durch das Glas scheinen, abschwächt. Dämpfen Sie die Farben des Deckchens mit einer Spur Titanweiß, falls sie zu kräftig sind. Dann malen Sie die Spiegelung der braunen Flasche in der großen weißen. Am besten malen Sie die Spiegelung bevor Sie mit der eigentlichen Flasche beginnen, um sicherzugehen, dass die Flaschendarstellungen einheitlich ausfallen.

11 Für die kräftigste Farbe, also das Braun der Flasche, verwenden Sie Chinacridon Gold und bauen die Farbe an den dicksten Glasstellen mit Lasuren, Schicht für Schicht, langsam auf. Nun wird immer deutlicher, dass es sich bei diesem Stillleben um eine Studie von Farbreflexionen handelt. Die Farben des Tuchs tauchen auch in den Glasflaschen und der weißen Vase mit der Studentenblume auf. Dieses Ausmaß an gemeinsamen Farben führt zu einer herrlichen Einheit im ganzen Bild.

12 Ausnahmsweise weichen Sie nun einmal von Ihrer eingeschränkten Palette ab und malen nur die Blüte der Studentenblume mit Kadmiumgelb mittel. Diese neue Farbe und die Schlichtheit der Pinselstriche lassen die Studentenblume zum Blickfang werden, und durch die gedämpften Farben um die Blume herum wird die Betonung sogar noch verstärkt.

13 Die sehr eng aneinander liegenden Blütenblätter konkretisieren Sie auf der rechten Blumenseite mit einigen Spuren Kadmiumgelb dunkel. Falls nötig, tönen Sie das Gelb stellenweise mit einem dunklen Chinacridon Orange noch etwas dunkler.

14 Zwar ist die Studentenblume der Blickfang des Bildes, aber auch der Stoff ist ein sehr wichtiges Bildelement. Die Knicke und Falten im Stoff ziehen das Auge an und führen es durch die Komposition, obwohl die Farben der Textilien eher unauffällig und gedämpft sind. Zudem bilden die Fransen des Deckchens einen zweiten „Rahmen" für die Objekte, den die langen, dunklen Wurfschatten der Gefäße durchbrechen, sodass eine visuelle Dynamik im Bild entsteht.

F&A

Wie male ich Blumen so, dass sie frisch und echt wie in der Natur aussehen?

Dieses Motiv ist eines der reizvollsten für jeden Maler. Die Frische und Reinheit der Farben einzufangen, die Zartheit der Schatten auf den Blütenblättern und die verschlungenen Formen der Blüten darzustellen ist zwar hoch anspruchsvoll, aber auch sehr lohnend. Das Malen von Blumen steht und fällt mit einer gründlichen Untersuchung der Formen und Farben.

Zum Einstieg genügen ein oder zwei Blumen, die Sie möglichst nah vor Ihren Augen haben, damit Sie jedes Detail gut erkennen können. Skizzieren Sie die Blumen gleich mit Pinsel und verdünnter Farbe. Vielleicht fällt es Ihnen leichter, mit dem Bleistift vorzuzeichnen, allerdings laufen Sie dabei Gefahr, die Details zu penibel und aufwändig darzustellen. Mit Pinsel und Farbe dagegen müssen Sie die Formen vereinfachen und gleich von Beginn an die Farben überdenken.

1 Wenn Sie Blumen malen ist es ungemein wichtig, dass Sie die Farben so frisch und rein wie möglich halten. Für diese Blumen in pink-rosa und gelben Tönen skizzieren Sie die Umrisse in Gelb.

2 Betonen Sie nun die dunkelsten Blütenlinien. Hier wurden die dunklen Rosatöne in Chinacridon Rot gemalt.

3 In diesem Fall ist die Transparenz einiger Farben besonders hilfreich. Tragen Sie eine Lasur aus verdünntem Gelb und Chinacridon Rot auf die gelbe und rote Zeichnung und nutzen Sie dabei die ursprüngliche Untermalung zur Darstellung der dunkelsten Blumenpartien. Als Basis für das spätere Blattwerk malen Sie um die äußeren Konturen einiger Blumen Hookersgrün.

4 Für den weiteren Aufbau der Blätter verwenden Sie eine kräftigere Mischung aus höher konzentriertem Hookersgrün. Zudem zeichnen sich durch diesen Ausbau der Blätter die Umrisse der Blüten viel konkreter ab.

5 Nun bekommen die Blüten sattere Töne. Als Rosa wurde hier eine deckende Mischung aus Chinacridon Rot und Titanweiß auf die Rosen gemalt. Mischen Sie für die Blumen nicht zu viele Farben auf einmal, denn je mehr Farben die Mischung enthält, desto stumpfer wird das Ergebnis. Es ist immer noch besser, einen reinen, frischen Farbton zu haben, der dem Original nur ungefähr entspricht, als solange zu mischen, bis die Farbe schmutzig wirkt und Sie von vorne beginnen müssen.

6 Um die dunklen Unterseiten der Blütenblätter zu kreieren, malen Sie von der starken Kontur des Blütenblatts aus zur hellen Mitte hin, wo die Farben sanft ineinander übergehen. Hier sind die dunkleren Rosatöne eine Mischung aus Chinacridon Rot mit einer winzigen Spur eines dunklen Chinacridon Orange.

7 Zum Abschluss fügen Sie stellenweise noch einige Glanzlichter aus Titanweiß und Gelb hinzu. Dadurch bekommen die gelben Blumen etwas mehr Tiefe.

F&A

Was sollte ich beim Malen von Metallspiegelungen beachten?

Das Malen von Metallobjekten ist unglaublich spannend. Ebenso wie Wasser und Glas reflektiert auch Metall die Farben und Formen der umliegenden Objekte, allerdings entstehen auch hier keine echten Spiegelbilder. Die Spiegelungen werden stattdessen durch die Form des Metallobjektes selbst verzerrt. Auf der einen Seite ist es sehr aufregend, Spiegelungen zu reproduzieren, ja sogar ganze Miniaturwelten zu erschaffen, auf der anderen Seite kann man sich aber auch leicht in Details verlieren, die Reflexionen dabei völlig überbetonen und sie vor jedes andere Bildelement stellen. Achten Sie also beim Malen von Metallspiegelungen besonders darauf, dass Sie ihre Details, Farben und Formen im richtigen Verhältnis zum übrigen Bild darstellen.

1 Schließen Sie in Ihre Eingangsskizze des Metalltopfes auch die Umrisse der Spiegelungen ein. Auch wenn Sie keinesfalls möchten, dass diese jedes andere Bildelement ausstechen, sind die Spiegelungen dennoch ein fester Bestandteil des Bildes und müssen von Anfang an in der Gesamtkomposition berücksichtigt werden.

2 Während Sie nun die Fläche des Metalltopfes mit Farbe füllen, malen Sie auch gleich die Spiegelung der Möhre mit ein. Beachten Sie, dass ihre Form den Konturen des Topfes folgt und sich auch auf der Unterseite des Topfrands spiegelt. Hellen Sie zudem die Farbe des Tischs an den Stellen auf, die das vom Topf reflektierte Licht zeigen.

3 Als Grundfarbe für den Metalltopf nehmen Sie Paynesgrau und nuancieren unterschiedlich dunkle Grautöne für die Rillen hinzu. An manchen Stellen steht das dunkle Grau in starkem Kontrast zum nächsten Farbton und an anderen Stellen ist der Übergang sehr zart. Beachten Sie auch, wie die Grautöne mit dem blassen Orange der Spiegelungsstreifen kontrastieren.

4 Für die Glanzstellen an der Seite des Topfes eignet sich Titanweiß hervorragend, weil es das Grau noch schwach durchschimmern lässt. Malen Sie die kleinen Striche mit der Schmalseite eines Flachpinsels.

5 Die fertige Studie zeigt ein ausgewogenes Bild. Die Spiegelungen der Möhre und das Umbra des Tischtuchs ziehen die Blicke nicht unnötig stark an, sondern reihen sich harmonisch in die übrigen Bildelemente ein. Beachten Sie auch die leichte Spiegelung des Topfes auf der Tischoberfläche.

TIPP

Im Prinzip ist das größte Geheimnis zum erfolgreichen Malen von spiegelnden Objekten ein Vergleich der Tonwerte, um so die Unterschiede zwischen hellen, mittleren und dunklen zu erkennen und diese dann genau wiederzugeben.

Rechts *Eine Miniaturwelt*
Das Erstaunliche an diesem Bild ist die Detailgenauigkeit der Spiegelung auf dem Kupferkessel. Wenn Sie genau hinsehen, können Sie sowohl den Künstler als auch den Raum hinter ihm erkennen.

S Studie: Küchenstillleben

Glänzendes Metall, gespiegelte Oberflächen und funkelnde Glanzlichter sind verführerische Elemente in einem Bild. Sie fesseln den Betrachter und sind als gelungenes Werk auch für den Maler ein großer Erfolg. Zudem kann es auch sehr spannend sein, unterschiedliche Oberflächen in einem Bild zu präsentieren, indem man kontrastierende Strukturen nebeneinander setzt und sie damit zur Geltung bringt. Im hier gezeigten Stillleben sind die Oberflächen der einzelnen Objekte sehr unterschiedlich und eignen sich deshalb bestens für bewusst herbeigeführte Farb- und Strukturkontraste.

1 Der Großteil des Arrangements, einschließlich des Hintergrunds, ist ziemlich kühl und grau; die warmen Farben konzentrieren sich im Zentrum der Komposition. Nehmen Sie als Grundierung eine kalte Mischfarbe aus Titanweiß, Umbra natur und Ultramarinblau, das ergibt ein schönes, leicht rosastichiges Grau. Mit einer Mischung aus Umbra natur und Titanweiß fertigen Sie anschließend eine Vorskizze an.

2 Damit die Wand im Hintergrund noch viel kälter wirkt, tragen Sie eine dünne Schicht aus Titanweiß gemischt mit Phthalotürkis auf die Untermalung. Sparen Sie dabei die Stellen aus, an denen Sie die Schatten eingeplant haben, und lassen dort das ursprüngliche Grau der Grundierung stehen. Für die restliche Tischfläche nehmen Sie Titanweiß, tragen es sehr dünn auf und lassen das Grau etwas durchschimmern.

Rechts: Wenn Sie keine besonders ruhige Hand haben, legen Sie ein Lineal an und malen an diesem entlang. Das ist kein „Mogeln“, sondern sinnvolles Arbeiten mit dem passenden Werkzeug.

3 Nun kommt die Käsereibe an die Reihe, für die Sie eine Vielzahl an hellen und dunklen Grautönen benötigen. Stellen Sie zu diesem Zweck verschiedene Mischungen aus jeweils unterschiedlichen Anteilen von Titanweiß, Umbra natur und Ultramarinblau her. Malen Sie dann die hellste Seite der Reibe mit wesentlich mehr Titanweiß als die Untermalung enthält, und verwenden Sie entsprechend weniger oder kaum Weiß für die dunkle Seite der Käsereibe.

4 Vom Käse sind drei Seiten zu sehen, und jede Fläche hat ein anderes Gelb. Mischen Sie verschiedene Variationen aus Kadmiumorange, Gelber Ocker und Gelb, um helle und dunkle Farbtöne zu erhalten. Malen Sie die Oberseite mit etwas mehr Gelber Ocker. Für den dunklen Ton auf der rechten Seite fügen Sie mehr Kadmiumorange dazu, und nuancieren die Farbe für die im Schatten liegende Käseseite mit einer Spur Paynesgrau noch dunkler.

5 Als Grundfarbe für das Holzbrett mischen Sie Titanweiß, Kadmiumorange und Ultramarinblau. Durch das Ultramarinblau wird das Orange eher ockerfarben, aber nicht grün. (Dunkle Gelbtöne sind oft schwierig zu mischen und mißraten schnell zu schmutzigen Grüntönen. Am besten halten Sie beim Malen ein separates Blatt bereit, auf dem Sie die Farben untereinander und in den Mischungen erst ausprobieren.)

6 Malen Sie die Tomate mit einem leuchtenden, leicht orangen Rot, wie beispielsweise Kadmium Scharlachrot. Mischen Sie die Grundfarbe für die Eier aus Gelber Ocker, Kadmium Scharlachrot, Zitronengelb, Umbra natur und Titanweiß und tragen Sie sie auf. Verwenden Sie diese Farbe, jedoch verdünnter, auch für die Spiegelung der Eier auf der Käsereibe.

7 Die Eier werfen einen Schatten über ihr Spiegelbild auf der Käsereibe, sodass an dieser Stelle ein noch dunkleres Grau entsteht. Für dieses Detail verwenden Sie eine dünne, aber dunkle Mischung aus Umbra natur und Ultramarinblau. Für den Rand des gespiegelten Eis verwenden Sie denselben Farbton, geben aber etwas Titanweiß dazu, um die Spiegelung zu perfektionieren.

8 Stellen Sie eine deckende Farbmischung aus Ultramarinblau und Umbra natur her, und tragen Sie die Farbe auf den Messergriff auf. Dann malen Sie die Messerklinge mit Cöelinblau und Umbra natur. Nun sorgen Sie beim Käsestück für eine leuchtendere Farbe auf der Oberseite und tragen eine Schicht in Kadmium Orange Ton auf.

10 Dieses Holzbrett wurde schon sehr häufig benutzt, was sich an den vielen Einschnitten deutlich zeigt. Stellen Sie eine Mischung aus Gelber Ocker, Zitronengelb, Kadmium Scharlachrot und Titanweiß her, tragen Sie die Farbe auf und kratzen Sie mit Ihrem Fingernagel in die noch feuchte Farbschicht, um so die Messerschnitte am Rand nachzubilden.

9 Um die großen und kleinen Löcher auf dem Vorder- und Seitenteil der Käsereibe einzufügen, mischen Sie eine Farbe aus Kadmium Orange Ton, Gelber Ocker und Gelb und tragen sie mit einem Wattestäbchen auf.

11 Die Löcher auf der Reibe befinden sich hinter leicht hervorstehenden Schneiden. Auf den kleinen Vorsprüngen spiegeln sich die Farben des Holzbretts. Um diesen Farbton zu erhalten, mischen Sie am besten Titanweiß und Kadmium Scharlachrot. Dann greifen Sie zu einem sehr dünnen, feinen Pinsel und malen die Spiegelungen vorsichtig auf.

12 Als Nächstes wenden Sie sich dem Messergriff zu und fügen die Glanzlichter und alle weißen Stellen mit einer Mischung aus Titanweiß und etwas Umbra natur hinzu. Während Sie dabei die Glanzstellen etwas schwächer andeuten, malen Sie die Nieten wesentlich kräftiger aus, damit sie sich abheben und ein festes, metallisches Aussehen bekommen.

13 Die Tomate besteht bislang nur aus einer unbearbeiteten Farbfläche in Kadmium Scharlachrot, auf die Sie nun Schatten, Lichtspiegelungen und Glanzstellen malen. Für die Schatten tragen Sie Umbra natur dünn auf und berücksichtigen dabei, dass innerhalb der Schatten Spiegelungen auftauchen, in denen auch minimal die Farben des Holzbretts vorkommen. Die Glanzstellen malen Sie mit Titanweiß in zarten Strichen auf, damit das darunterliegende Scharlachrot durchschimmern kann.

14 Im Vergleich zur glänzenden Tomate zeigen die Eier keine dramatisch funkelnden Glanzstellen, da ihre Oberfläche matt ist. Dennoch reflektieren sie auf den Oberseiten das Licht heller. Mischen Sie eine Farbe aus Gelber Ocker, Titanweiß und Kadmium Scharlachrot und tragen Sie diese so auf, dass sie zu den Seiten hin im Ton dunkler wird.

15 Malen Sie nun mit einer Mischung aus Umbra natur und Ultramarinblau die Schatten unter den Eiern hinzu. Variieren Sie dabei das Mischungsverhältnis sowohl in Bezug auf die Farbanteile als auch auf die Konsistenz, je nachdem, wie tief der Farbton im Schatten ist. Betrachten Sie das Ergebnis und sehen Sie, wie erstaunlich zart die hellsten Glanzstellen auf den Eierschalen wirken.

16 Auch im fertigen Bild können Sie in den Schatten, die hinter das Holzbrett fallen, immer noch die durchscheinende Untermalung erkennen. Die Stärke des Bildes liegt darin, dass die unterschiedlichen Oberflächenstrukturen der Objekte bewusst in Kontrast gesetzt wurden: die glänzende Käsereibe, das abgenutzte Holzbrett und der wächsern wirkende Käse. Zudem wurde das Messer so platziert, dass der Messergriff das Auge direkt ins Zentrum des Bildes führt.

4 Landschafts-malerei

Als Ende des achtzehnten Jahrhunderts die Zeit der Hobbymaler begann, wurden die Landschaften zu einem höchst populären Motiv für Künstler. Besonders die Frauen aus der Mittelschicht begeisterten sich für die Landschaftsmalerei in Aquarell und bereisten auf der Suche nach Motiven eine Vielzahl malerischer Orte. Malen und Zeichnen in Aquarell gehörte sogar zur Ausbildung britischer Marineoffiziere. Das lag zum einen daran, dass es eine gute Übung ist, die Beobachtungsgabe zu schärfen, zum anderen war es damals – noch vor der Erfindung des Fotoapparates – die einzige Möglichkeit, visuelle Informationen über neu entdeckte Häfen weiterzugeben oder geheime Aufzeichnungen über die Hafenstützpunkte der gegnerischen Mächte anzufertigen.

In den Salons und Akademien avancierte die Landschaftsmalerei allmählich zu einer eigenen Kunstform und diente nicht mehr ausschließlich als Kulisse für Schlachten und die Porträts des niederen Adels. Die Landschaften, wie sie John Constable (1776–1837) oder J. M. W. Turner (1775–1851) malten, wurden zu einem anspruchsvollen Motiv für alle Künstler, die den Reiz und die Schönheit eines Ortes, den romantischen Blick auf die Berge oder die Impressionen einer stürmischen See darstellen wollten.

Vermutlich waren es die französischen Impressionisten, die mehr als jede andere Künstlergruppe oder -bewegung die Landschaftsmalerei so populär machten. 1841 entwickelte John Goffe Rand, ein Künstler aus New Hampshire, die erste Metalltube mit Schraubverschluss für Künstlerölfarben. Durch diese Erfindung wurde die Malerei im Freien einfacher als je zuvor, und die Impressionisten setzten neue Maßstäbe in Bezug auf die Frische und Unmittelbarkeit ihrer Landschaftsbilder.

Heutzutage bieten die modernen Acrylfarben dem plein-air-Künstler nicht nur eine größere Vielseitigkeit, sondern auch wesentlich mehr Freiheiten, weil er sich nicht um den Transport noch feuchter Bilder durch unwegsames Gelände zu sorgen braucht. Um einen ganzen Tag im Freien zu malen, brauchen Sie lediglich einen Rucksack mit Farben, eine Schachtel voller Pinsel, eine große Plastiktüte als Sitzkissen und zwei Flaschen Wasser – eine zum Trinken und eine zum Verdünnen der Farben. Zusätzlich können Sie noch einen Block mit Aquarellpapier einpacken oder ein leichtes Zeichenbrett und Papier unter den Arm klemmen.

Wenn Sie im Freien malen, sollten Sie nach zweieinhalb Stunden Arbeit an einem Bild die Sitzung beenden. Nach dieser Zeit haben sich die Lichtverhältnisse soweit verändert, dass Sie entweder neu anfangen oder an einem anderen Tag zur gleichen Tageszeit wiederkommen müssen. Falls Sie sich in Tropennähe befinden, bleiben zwar die Lichtverhältnisse etwas länger stabil, wodurch Sie vielleicht eine Stunde länger arbeiten können, dennoch wird sich in dieser Zeit der Schatteneinfall dramatisch verändert haben. Es empfiehlt sich in jedem Fall, die Schattenbereiche schon im etwa halbfertigen Bild festzulegen, denn bis zu diesem Zeitpunkt sollten Sie mit den Farben des Bildes vertraut genug sein, um einen Lichtwechsel kompensieren zu können.

F & A

Wie verbinde ich Vordergrund, Mittelgrund und Hintergrund in meinem Bild zu einer räumlichen Einheit?

Es ist eine sehr interessante Aufgabe, eine Kontinuität von Tiefe darzustellen, besonders, wenn es nur wenige Elemente wie Baumreihen oder Hügelketten gibt, die das Bild auf den ersten Blick einteilen. In diesem Fall muss der Übergang von den vordersten und deutlichsten Objekten zu den entferntesten, bei denen die Einzelheiten verschwimmen und ineinander übergehen, natürlich und ganz allmählich wirken. Die folgende Studie zeigt, wie man einen fließenden Übergang der Nähe in die Ferne darstellt, wobei die Regeln auch dann gelten, wenn es sich um ein Landschaftsbild oder ein Seestück handelt.

1 Da in dieser Ansicht der Horizont sehr hoch liegt, erlaubt die Komposition nur einen schmalen Streifen Himmel und gleichzeitig als Gegenstück eine große Fläche an Land im Vordergrund, um ein Gefühl von räumlicher Entfernung zu kreieren. In diesem Beispiel liegt eine riesige Distanz zwischen dem Vordergrund und dem Hintergrund. Beginnen Sie zunächst mit einer Untermalung für das Feld in Oxidrot, das Sie mit einer Spur Ultramarinblau abtönen. Anschließend malen Sie den Himmel mit einer Mischung aus Ultramarinblau und Titanweiß und fügen zudem die breite Baumreihe im Hintergrund in verdünntem Ultramarinblau hinzu.

2 Der Blickfang des Bildes ist das Gebäude zusammen mit der Baumreihe in der Ferne. Malen Sie die Bäume mit einer relativ dünnen Mischung aus Hookersgrün, Gelber Ocker und Titanweiß, damit sie im Vergleich zum Himmel nicht zuviel Gewicht bekommen. Decken Sie dabei die rötliche Untermalung nicht vollständig ab, sondern lassen Sie die Farbe noch stellenweise durch die Bäume schimmern, um den Mittel- und Hintergrund etwas zu vereinen.

3 Um den Hintergrund mit dem Vordergrund zu verbinden, malen Sie zarte Reihen im Weizenfeld mit unterschiedlichen Mischungen aus Gelber Ocker, Oxidrot und Titanweiß. Je weiter Sie beim Malen in den Mittelgrund kommen, desto leichtere Mischungen verwenden Sie. Tupfen Sie die Farbe in unregelmäßigen waagrechten Strichen auf, um die Getreidemassen anzudeuten.

4 Als Nächstes werden wir nun den Vordergrund mit einigen satten, goldenen Farben bereichern. Verwenden Sie dieselben Farben wie schon für das bisherige Feld, geben Sie aber etwas mehr unverdünnten Gelber Ocker und eine Spur Hookersgrün dazu. Zudem setzen Sie deutlich mehr Striche für das Getreide ein, indem Sie stufenweise von unförmig breiten Strichen zu immer klarer definierten einzelnen Halmen und Ähren übergehen.

5 Zeichnen Sie einige senkrechte Striche in Gelber Ocker gemischt mit Titanweiß, um den stehenden Weizen anzudeuten. Ziehen Sie die Striche immer dünner und feiner, je weiter diese in den Hintergrund treten, bis sie schließlich mit den waagrechten des Mittelgrunds verschmelzen. Lassen Sie im Vordergrund mehr von dem Oxidrot der Untermalung durchscheinen, denn zum einen trägt die warme Farbe dazu bei, dass Mittel- und Hintergrund durch ihre kalten Farben scheinbar noch weiter in die Ferne rücken, und zum anderen deutet sie zusätzlich das Rot des Erdbodens an.

F & A

Wie stelle ich extreme Weite oder Ferne in meinen Landschaften dar?

Wenn Sie eine umfassende Illusion von Tiefe in einem Bild schaffen möchten, müssen Sie über die Linearperspektive hinausgehen und die Luftperspektive mit einbeziehen. Die Linearperspektive macht uns zwar verständlich, warum die Dinge zum Horizont hin kleiner erscheinen, lässt aber die atmosphärische Wirkung völlig außer acht. Die Luftperspektive hingegen beschreibt wie Staubpartikel und Feuchtigkeit in der Luft – selbst an einem klaren Tag – die warmen, rötlichen Sonnenstrahlen für unser Auge herausfiltern. Dadurch entsteht der Effekt, dass alles, was weiter von uns entfernt ist, irgendwie blau erscheint und die Objekte mit steigender Entfernung scheinbar immer blauer werden. Zudem bewirkt dieser Dunst in der Atmosphäre, dass weiter entfernte Objekte verschwommen und unscharf aussehen, weil sich die Kontraste zwischen hell und dunkel verringern.

1 Diese einfache Landschaft mit vier hügeligen Landzungen ist ein gutes Beispiel für die Luftperspektive. Beginnen Sie mit einer Umrisszeichnung in Blau, um einen mittleren Ton für das Bild festzulegen.

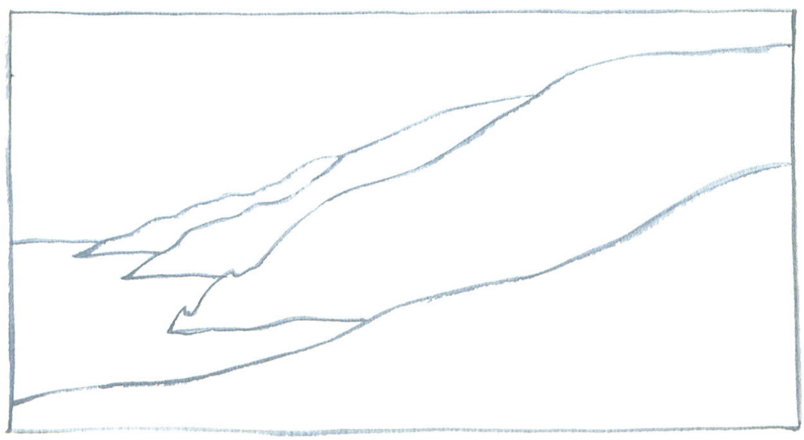

TIPP

Wenn Sie im Freien malen, werden Sie häufig warme Farben in der Ferne finden, wie etwa abgemähte Felder mit Stroh oder gepflügte rötliche Äcker. Vergleichen Sie dann diese sorgfältig mit jeder warmen Farbe im Vordergrund, damit Sie die Farben in der Ferne nicht zu kräftig malen.

2 Für den Himmel und das Meer mischen Sie ein relativ schwaches Blau mit Titanweiß in unterschiedlichen Mischungsverhältnissen. Malen Sie das Meer in einem dunkleren Farbton als den Himmel.

3 Nehmen Sie für die am weitesten entfernte Landzunge eine andere Mischung aus Blau und Titanweiß, die zwar blasser als das Meer, aber dunkler als der Himmel ist. Malen Sie den nächsten Vorsprung mit einem etwas wärmeren Ton, den Sie durch etwas zusätzliches Kadmiumorange in der Mischung erhalten. Durch das Blau mit dem Orange entsteht ein Hauch von Grün auf dieser Landzunge.

4 Für den folgenden Ausläufer erhöhen Sie zunächst den Anteil an Kadmiumorange, damit er ein massiveres und weniger atmosphärisches Aussehen bekommt. Dieses Grün ist nun kräftiger und die Farben sind konkreter erkennbar, sodass sie eine grasbewachsene Felsenspitze deutlich beschreiben.

5 In die Farbe für den unmittelbaren Vordergrund geben Sie deutlich mehr Kadmiumorange und verzichten ganz auf einen Anteil an Weiß. Das fertige Bild zeigt mit zunehmender Entfernung einen allmählichen Rückgang an warmen Farben und Kontrasten und vermittelt so den Eindruck von enormer Ausdehnung und.Distanz.

Welcher Abschnitt sollte in meinem Landschaftsbild der detailreichste sein?

Wie viele Details Sie in einem beliebigen Abschnitt Ihres Bildes malen, hängt davon ab, wo der Interessenschwerpunkt liegen soll. Wenn Sie beispielsweise einen Blumengarten vor einer Landschaft malen, würden die Details vorwiegend bei den Blumen liegen und die Landschaft nur als Kulisse dienen, die nicht vom Blickfang ablenken soll. In diesem Fall ist der Vordergrund die Hauptattraktion mit dem meisten Detail. Sollen umgekehrt aber die entfernten Hügel zur Attraktion werden, würden Sie den Vordergrund eher unklar und undetaillert lassen, damit er die Hügel nicht aussticht. Welchen Teil Ihres Bildes Sie mit den meisten Details ausschmücken hängt also davon ab, wohin Sie das Auge des Betrachters lenken möchten.

1 In diesem Beispiel ist das Zentrum der Attraktion zwar nicht weit vom Betrachter entfernt, aber mehr als die Hälfte des Bildes besteht aus Vordergrund. Die Augenlinie liegt ziemlich hoch, wodurch der Eindruck entsteht, dass man über einen leichten Hang zum Gatter gelangt. Verwenden Sie als Grundfarbe für den Boden ein leuchtendes Gelbgrün, und für den Himmel eine Mischung aus Titanweiß und Kobaltblau. Diese beiden Farben sind blass und kalt. Malen Sie das Gatter mit verschiedenen Mischungen aus Siena natur, Titanweiß und Schwarz. Hiermit führen Sie gleichzeitig die kräftigsten Farben des Bildes ein. Malen Sie das Gras nur in groben Zügen und nicht zu konkret.

2 Der Blickfang, nämlich das Gatter, liegt im oberen Drittel des Bildes. Der ausgedehnte Vordergrund spielt hier eine stark unterstützende Rolle, schmälert aber die Wirkung des Gatters nicht. Deuten Sie das Gras im Vordergrund nur durch einige zarte Farbstreifen an, damit ein starker Kontrast zu den feinen, präzisen Formen des Gatters entstehen kann. Bereichern Sie den Mittelgrund mit mehr Grün, geben dabei aber acht, dass Sie den Bereich im Vergleich zum Gatter nicht zu sehr betonen.

3 Nun bauen Sie mit zusätzlichen Details und weiteren Farben das Gatter und den restlichen Mittelgrund aus. Malen Sie die Details der Wiesenblumen und Kräuter am Zaun mit einer Mischung aus Rotviolett, Cöelinblau und Titanweiß. Durch diese Ausschmückung zieht die Zaunreihe mit dem Gatter zwar die Blicke an, wirkt aber nicht künstlich hervorgehoben.

4 Malen Sie den Vordergrund ziemlich zart, sodass er relativ undeutlich bleibt. Er ist unverzichtbar wichtig, obwohl er weitgehend außerhalb des Blickfelds liegt, weil er die Farben abstützt und den Blick genau ins Bildzentrum führt. Vielleicht hätte sich ein anderer Künstler mehr mit den Gräsern im Vordergrund beschäftigt und das Gatter mit Zaun weniger präzisiert. Das hätte allerdings den Schwerpunkt der Komposition vollkommen verlagert und das Hauptgewicht der Bildaussage auf „Bodennähe" gelegt. Natürlich könnte man auch erwarten, dass der Vordergrund wesentlich detaillierter präsentiert wird, jedoch hätten mehr Details in diesem Bereich nur bewirkt, dass der Blick des Betrachters von zwei Hauptreizen angezogen wird, wodurch das Bild einiges an Wirkung verloren hätte.

F&A

Wie kann ich dichtes und umfangreiches Blattwerk überzeugend echt darstellen?

Bäume und Sträucher in voller Blätterpracht präsentieren dem Maler große Flächen an komplizierten Strukturen und eine Vielzahl sehr ähnlicher Farben und Tonwerte, was viele Anfänger verunsichert. Das Malen von Blattwerk erfordert etwas Übung im Mischen der Farben und bringt die Gefahr mit, dass man sich in endlosen Versuchen, die Details zu reproduzieren, verliert.

Beginnen Sie schlicht mit nur einem, möglichst transparentem, Grün und skizzieren Sie zunächst Ihre Komposition. Untersuchen Sie dann die anderen Grüntöne des Motivs auf Unterschiede. Halten Sie Ihre grünen Farben rein vermeiden Sie jedes zufällige Vermischen auf der Palette ebenso wie auf dem Malgrund, Sie riskieren sonst trübe, kaum definierbare Farben als Resultat. Sie können erhebliche Unterschiede in der Farbdichte erzielen, wenn Sie einfach die einzelnen Farbaufträge in Bezug auf die Farbkonsistenz als auch auf die Art der Pinselstriche variieren.

1 Um die Stelle im Strauch, an der sich das Blattwerk verdichtet, grob festzuhalten, malen Sie mit leichten Pinselstrichen transparentes Hookersgrün auf diesen Abschnitt. Als Andeutung der Äste und Blätterbüschel im Gegenlicht fügen Sie dann in derselben Farbe dünne Striche hinzu. Für die dunkleren Striche im vorderen Bereich der Zwergmispel verwenden Sie ebenfalls diese Farbe, tragen sie allerdings dicker auf. Nun haben Sie drei unterschiedliche Aspekte von Blattwerk mit nur einem einzigen Grün dargestellt.

2 Geben Sie zur Verstärkung Kobaltblau auf die dünnen grünen Striche im hintersten Strauchbereich. Denken Sie immer an das Ziel, diese Studie so aufzubauen, dass alle drei Hauptbereiche zwar grün sind, die Töne aber variieren von warm ganz vorne bis kalt ganz hinten.

3 Auf die Blätter in der Mitte des Strauches, die entweder im Gegenlicht oder im Schatten liegen, malen Sie einige Pinselstriche in dunklem Hookersgrün, das wesentlich deckender ist, als das Grün der Untermalung.

4 Nun sorgen Sie für noch mehr Vielfalt im Blattwerk und mischen in das Hookersgrün etwas Kadmiumrot. Daraus entsteht ein rötliches Braun, das für Stiele und Rinde ideal ist. Mischen Sie die Farbe dünn genug, damit Sie die Stiele und Zweige flüssig malen können.

5 Um die Intensität der Grüntöne zu verstärken, nuancieren Sie einige Spuren Rot in die Umgebung des Blattwerks, etwa Mauern, Zäune oder Gatter.

6 Malen Sie die Beeren der Zwergmispel als kleine Punkte in reinem Kadmiumrot, da diese leuchtende Farbe einen lebhaften Kontrast zu den Grüntönen bildet. Die Konsistenz der Acrylfarbe sollte unbedingt so flüssig sein, dass Sie jede Beere mit nur einem Farbtupfer darstellen können.

7 Abschließend sorgen Sie für mehr Tiefe und geben dem Zwergmispelstrauch ein stämmigeres Aussehen, indem Sie Brillantviolett mit einer Spur Kadmiumrot auf die Äste in der Mitte malen. Achten Sie darauf, dass die einzelnen Grüntöne leuchtend und lebhaft bleiben, und weder mit anderen Farben vermischt noch verschmutzt werden.
Die Grüntöne verlaufen hier zwar etwas ineinander, aber durch die Vielzahl an unterschiedlichen Pinselstrichen und Farbkonsistenzen wird das Blattwerk der einzelnen Äste und Zweige in Struktur und Tonwert voneinander getrennt.
So wirkt der dichte Blattwuchs dieses Zwergmispelstrauches dennoch detailliert.

Meine gemalten Bäume sehen alle gleich aus. Wie stelle ich viele unterschiedliche Bäume in einer Landschaft dar?

F & A

Gewöhnen Sie sich an, verschiedene Baumarten zu studieren. Analysieren Sie genau die Struktur des Stamms und der Äste, die Form der einzelnen Blätter und des gesamten Blattwerks. Vergleichen Sie das Ausmaß des Blätterdachs mit der Größe des Baumstamms. Merken Sie sich, wie das Licht durch die Blätter gefiltert wird und sich die Farben verändern. Und fertigen Sie nicht zuletzt einige Übungsstudien an, auf die Sie beim Malen zurückgreifen können.

1 Das scheinbar endlose Grün der Blätter und Gräser in einer Landschaft verführt beinahe dazu, die gesamte Leinwand einfach grün zu tönen und die Formen oder Strukturen später einzufügen. Beginnen Sie aber stattdessen mit einer Skizze in mittlerem Farbton, in der Sie die wichtigsten Farben und Formen festhalten.

2 Sehen Sie sich die Farbenvielfalt in einer Landschaft sehr genau an und achten Sie besonders auf Flächen mit Gelb- oder Blautönen. Im späteren Bild müssen sich Ihre Bäume vom umliegenden Grün der Gras- und Buschflächen abheben.

3 Auch bezüglich Struktur und Form gibt es große Unterschiede zwischen den Bäumen. Achten Sie darauf, wie das Licht auf die äußeren Blätter fällt und kaum ins Innere des Blattwerks vordringt, sodass die Blätter im Zentrum schattig und dunkel bleiben.

4 Riesige Flächen in derselben Farbe sollten Sie möglichst vermeiden. Stellen Sie durch dezente Veränderungen in Farbe und Form die Unterschiede im Blattwerk dar, und halten Sie sich nicht mit dem zeitraubenden Malen einzelner Blätter auf.

Laubbäume
In diesem Bild wurden zwei sehr unterschiedliche Arten der Pinselführung eingesetzt. Für die volleren, eher runden Blätter des linken Baumes wurde die Farbe mit dem Pinsel schnell aufgetupft. Die zierlichen Blätter der Weide rechts im Bild dagegen sind mit kurzen schrägen Strichen in verschiedenen bräunlichen Grüntönen entstanden. Übersehen Sie nicht die Bedeutung der „Himmelsfetzen“ (Negativformen) zwischen den Blättern. Selbst wenn ein Baum seine volle Blätterpracht entfaltet gibt es kleine Zwischenräume, durch die der Himmel oder der Hintergrund sichtbar ist. Berücksichtigen Sie auch, dass die Blätter stets der Form der Äste folgen, auch dann, wenn sie diese völlig verdecken.

Wüstensträucher
Das warme Rotbraun und die satten, staubigen Grüntöne der Wüstenpflanzen bieten einen erweiterten Farben- und Formenreichtum in einem Landschaftsbild. Die Strukturen kontrastieren hervorragend mit dem drastisch geraden Horizont und dem steinigen Boden. In diesem Bild lockern die blauen und violetten Farbtöne der Wüste die Landschaft auf und heben gleichzeitig die Rot- und Grüntöne hervor.

Oben Sommerbäume in voller Pracht
Breite Pinselstriche stellen die Blätterbüschel der weiter entfernten Bäume dar. In diesem hellen Sonnenlicht wirken das Innere des Blattwerks und der Stamm schon fast schwarz im Vergleich zu den sonnengebleichten Grasflächen. Beachten Sie auch, wie die Farbe durch eine schwache Wiederholung der blassen Gelbtöne in den äußeren Blätterbüscheln des Baums harmonisiert wird.

Links Knorrige Bäume
Bei Bäumen geht es nicht nur um das Blattwerk. Auch in der Rinde und auf den Ästen zeichnen sich herrliche Strukturen und Farben ab. Hier ziehen der unglaublich verschlungene, knorrige Stamm und das Wurzelwerk den Blick an und führen ihn durch das Bild, während das niedrige, buschige Blattwerk im Hintergrund einige ruhige Abschnitte bildet.

Unten Winterbäume
Nackt und kahl stehen die Winterbäume wie ein Gerippe in der verschneiten Landschaft. Die Eintönigkeit der Farben und Formen verstärkt die Wirkung von Ferne und räumlicher Ausdehnung in diesem Bild und verschärft gleichzeitig den Kontrast zu den eisigen Flächen.

Studie: Australische Landschaft

Dieses Bild zeigt ein Gebiet mit roten Sandhügeln im äußersten Südwesten von Queensland, Australien. Es enthält bestimmte Elemente, die in der Landschaftsmalerei von Bedeutung sind, vor allem was die Lufperspektive betrifft. Die intensiven Rottöne am Horizont, die klare Luft und die fehlende Feuchtigkeit verleihen der Landschaft ein klares, scharf umrissenes Aussehen, das unser Verständnis der Luftperspektive strapaziert. Zu den weiteren Anreizen im Bild gehören der Boden, der von Sukkulenten und Dornengestrüpp übersät ist, sowie die niedrigen Gewächse, wie Mulga, Akazie und Eukalyptus, in der Ferne.

1 Der rote Erdboden ist unter dem dichten, struppigen Bewuchs sichtbar. Deshalb tragen Sie zunächst ein sattes Orange als farbigen Untergrund auf. Anschließend skizzieren Sie mit einem Fresko-Pinsel die wichtigsten Elemente der Komposition in Umbra natur.

2 Es macht wenig Sinn, wenn Sie mit einem zeitraubenden Aufwand die Gräser im unmittelbaren Vordergrund ausarbeiten, denn ihre Formen ergeben keine besonders dynamische Komposition. Sehr viel lohnender ist eine Skizze mit dem schlichten Profil der Sanddüne und ihrem buschigen Bewuchs sowie der kräftigen Vertikalen des einzigen Baumes.

3 Achten Sie auch unbedingt darauf, dass die ausgetrockneten Gräser und die struppigen Pflanzen in Bodennähe verglichen mit der blanken Erde eher blass aussehen. Das Orange der Grundfarbe ist ein mittlerer Farbton, der Ihnen eine Basis schafft, auf der Sie mühelos die umfangreichen Flächen und allgemeinen Formen der helleren Bildabschnitte aufbauen können.

4 Nach den Regeln der Luftperspektive sollten die am weitest entfernten Bildbereiche die kältesten Farben aufweisen. Auch hier sind die kleinen Sträucher am Fuße der Sanddüne relativ blau, jedenfalls blauer als irgend etwas im unmittelbaren Vordergrund. Malen Sie die Sträucher in Kobalttürkis, um diesem entferntesten Teil der Landschaft eine ruhige, kalte Nuancierung zu geben.

5 Als Nächstes malen Sie die Blüten auf den Sukkulenten in Bodennähe mit Brillantviolett. Diese hell leuchtende Farbe ist eine gebrauchsfertige Mischung aus Titanweiß und Dioxidviolett.

6 Der Winterhimmel in Queensland erscheint in einem strahlenden Blau. Wenn ein Himmel blau ist, enthält seine Farbe normalerweise beide Nuancen: ein rötliches und ein grünliches Blau. Zur Mittagszeit färbt das rötliche Blau das Himmelsgewölbe, während gleichzeitig der leicht grünliche Ton deutlich näher am Horizont liegt. Dies ist zwar nur eine Faustregel, sie trifft hier aber sicherlich zu. Malen Sie zunächst den gesamten Himmel in einem grünlichen Blau, für das Sie Permanentblau hell (eine gebrauchsfertige Mischfarbe aus Titanweiß, Phthaloblau und Grün) verwenden.

7 In dieser schroffen Landschaft finden sich auch einige sehr niedrig gewachsene Grünpflanzen. Malen Sie diese zuerst in dunklem Hookersgrün. Anschließend kratzen Sie mit der Spitze Ihres Pinselstiels Linien in die Farbe, um die dürren Stängel dieser Bodenpflanzen darzustellen.

8 Mit einigen Zickzack-Linien, die Sie mit Ihrem Fresko-Pinsel ausführen, schmücken Sie die trockenen Gräser weiter aus. Wenn Sie die Elemente im Vordergrund viel präziser ausarbeiten als alle Objekte im Hintergrund, bekommt die Landschaft eine wesentlich stärkere Wirkung in der Tiefe.

9 Sobald die Landschaft relativ gut ausgearbeitet ist, wenden Sie sich dem Himmel zu. Beginnen Sie mit einem Streifen in Brillantviolett, den Sie mit schnellen, unregelmäßigen Pinselstrichen in die Fläche des Himmels malen, um so die sengende Hitze anzudeuten.

10 Wenn Sie mit einem dickflüssigen Medium arbeiten, wie etwa Öl- oder Acrylfarben, und einen abgestuften Farbübergang kreieren möchten, müssen Sie fast immer mit ein paar überraschenden Schwierigkeiten rechnen. Beginnen Sie den abgestuften Farbübergang mit reinem Kobaltblau, das Sie über den Streifen in Brillantviolett ganz oben auf die Himmelsfläche malen.

11 Verschmelzen Sie das Kobaltblau mit dem Brillantviolett. Sofort werden Sie schon einen leichten Farbübergang bemerken. Für ein strahlenderes Blau des Himmels tragen Sie dann eine dunklere Mischung des Permanentblaus (siehe Nr. 6) auf. Da diese Farbe tonal näher am Farbton aus Kobaltblau und Brillantviolett ist, eignet sie sich gut für den Farbübergang in Horizontnähe.

12 Den Eukalyptusbaum malen Sie in einem neutralen Grau und decken dabei die ursprüngliche Untermalung nicht ganz ab, sodass sie noch durchscheinen kann.

13 Gegen den hellen Himmel wirken die Baumblätter ziemlich dunkel. Legen Sie die dunkelsten Bereiche in Paynesgrau fest, also die dunkleren Äste und die Unterseiten der Blätterbüschel. Vergessen Sie dabei nicht, die „Himmelslöcher" (also die Negativformen) im Blattwerk stehen zu lassen.

14 Nun ist das Bild schon beinahe vollständig. An sich könnte man es sogar auf dieser Stufe belassen, aber die Sanddüne besteht noch immer nur aus der Ursprungszeichnung. Außerdem wirkt der Himmel im Vergleich zum Orange viel zu kräftig und scheint seltsam darüber zu hängen.

15 Mischen Sie Kadmiumrot mit Oxidrot, um die paprika-ähnliche Farbe der Sanddüne zu erhalten. Nun sollte die Konsistenz der Farbe der von Wandfarbe entsprechen, damit sie gut deckt. Die Stärke und Deckkraft der Farbe wird die sichtbare Lücke zwischen der Düne und den Büschen an ihrem Fuß schließen.

16 Malen Sie den kleinen, trockenen Mulgabusch im Bildzentrum mit einer Mischung aus Titanweiß, Brillantviolett und einer Spur Paynesgrau. Beachten Sie, wie hell dieser Busch vor dem Hintergrund mit den kräftigen Farben der Sanddüne wirkt.

17 Obwohl dieses Bild eine lichtdurchflutete Fläche mit spärlichen Formen ist, zeigt es eine breite Palette an Farben und Nuancen. Die dunklen Töne sind im ganzen Bild verteilt und verdichten sich im Schatten unter den verdorrten Büschen links neben dem Eukalyptus zur dunkelsten Stelle. Die Gräser und Gewächse mit den hellsten Tönen obenauf erscheinen wie ein schimmernder Teppich über dem Boden. Rot und Blau sind die dominierenden Farben, gefolgt von ihren Unternuancen Grün und Violett.

5 Atmosphäre und Strukturen

Wenn es einem Künstler gelingt, das Wesentliche einer Szene oder eines Objektes einzufangen, so ist das eine der größten Leistungen, die er vollbringen kann. Sei es die derbe Hitze eines Backsteins in der Sonne oder der frische, deutliche Fußabdruck im Schnee. Von dem Moment an, da Sie ein Gefühl oder eine Struktur überzeugend beschreiben können, schaffen Sie einen persönlichen Durchbruch in Ihrer Malerei. Wenn Sie es geschafft haben, die Farben und Stimmungen unterschiedlicher Wettersituationen in einem Bild festzuhalten wird es kaum etwas geben, das Ihnen bei Landschaften, Stadtlandschaften oder Seestücken, egal an welchem Ort der Welt oder zu welcher Jahreszeit, den Mut zum Malen nehmen könnte.

Für eine gelungene Wiedergabe von Atmosphäre, Temperaturen und Wetterverhältnissen sind fundierte Kenntnisse über Farben und Formen erforderlich. Angefangen bei den scharf umrissenen Schatten zur Mittagszeit bis zu den weichen Formen von wehenden Textilien im Wind, hat die sorgfältige Beobachtung der Lichtveränderungen sowie der Anpassung der Formen an diese Veränderung für eine wirklichkeitsnahe Darstellung oberste Priorität. Im Prinzip müssen Sie Ihre Kunstfertigkeiten so weit perfektionieren, dass Sie das Unsichtbare malen können, sei es Wind, Hitze oder Kälte.

Überlegen Sie gut, wie der Betrachter auf die Szene reagieren soll. Soll das Bild Behagen oder Unbehagen vermitteln, Ruhe oder Dynamik, dezente oder kräftige Farben? Wo liegt das Bildzentrum, und wie sind die anderen Elemente in der Komposition angeordnet? Selbst das kleinste Detail kann die Blicke auf sich ziehen, aber ebensogut kann auch der kleinste Fehler dazu führen, dass das Bild jegliche Anziehung verliert.

Vermeiden Sie beim Ausarbeiten Ihrer Bilder nach Möglichkeit jede Übertreibung. Die Raffiniertheit und die Ausdruckskraft eines Bildes fesseln den Betrachter meist sehr viel mehr als krampfhaft erzwungene Details. Malen Sie regelmäßig kleine, detaillierte Studien verschiedener Oberflächen und vermerken Sie die Effekte, die Sie mit unterschiedlichen Pinselstrichen und Farbkombinationen erzielen. Werfen Sie diese Studien nicht weg, auch wenn Sie unzufrieden sind, denn Sie werden bei späteren Arbeiten gerne darauf zurückgreifen. Und lassen Sie sich nicht entmutigen. Es mag Ihnen schwierig erscheinen, solch raffinierte Fertigkeiten beim Malen zu erreichen, aber wenn Sie diese erst einmal erlangt haben wird es nichts mehr geben, was Sie nicht malen können.

Wie male ich pralles Sonnenlicht, ohne dass irgend etwas im Bild stumpf wirkt?

Sonnenlicht kann so stark sein, dass sein reflektiertes Licht die Schatten aufhellt, bis ihre Farben leuchten. Wenn Sie Effekte wie diese in einem Bild festhalten möchten, müssen Sie zunächst die jeweiligen Farb- und Tonwerte genau analysieren. Sie werden überrascht sein, wie radikal die Farben, die Sie zu kennen glauben, durch das Sonnenlicht verändert werden. Helles Licht ist jedoch nicht der einzige Effekt bei starker Sonne, auch die Schatten werden deutlich intensiver und differenzierter.

1 Das Bild dieser modellierten weißen Tongefäße zeigt den Farbenreichtum, der durch die starke Lichteinwirkung auf Weiß entstehen kann. Malen Sie den Hintergrund mit einer Mischung aus Magenta mittel, Kobaltblau und Titanweiß. Dieser Farbton ist komplementär zu der hellen, blassen Ockerfarbe, die das fertige Bild dominieren wird. Für das Grün hinter den Gefäßen stellen Sie verschiedene Mischungen aus Phthalogrün, Eisenoxidgelb und Titanweiß her. Als Farbe für den Vordergrund verwenden Sie Siena gebrannt und Titanweiß.

2 Durch das grelle Licht ist die schattige Seite der Hecke extrem dunkel. Mischen Sie dieses dunkle Grün aus Hookersgrün und Kadmiumrot tief. Durch diesen dunklen Grünton im Schatten zeichnen sich die Rillen an den Seiten der Gefäße in deutlichen Formen ab. Konturieren Sie die Rillen noch stärker mit einer dunkleren Mischvariante der ursprünglichen Schattenfarbe.

3 Malen Sie die erste Tönung in Ocker zwischen die violetten Streifen, damit das Gefäß mehr Substanz bekommt. Als Farbe verwenden Sie Gelber Ocker pur, jedoch in der Konsistenz soweit verdünnt, dass Sie schöne, flüssige Linien malen können. Für die kräftigen Schatten der Gefäße am Boden nehmen Sie die Farbe der Untermalung und mischen etwas Kobaltblau dazu. Damit die Schatten nicht zu eintönig wirken, nuancieren Sie Gelber Ocker mit einigen Pinselstrichen in die noch feuchte Farbe.

4 Akzentuieren Sie die hell beleuchteten weißen Ränder mit einer Schicht aus dickem Titanweiß. Achten Sie auch darauf, dass die Striche in Gelber Ocker kurz vor der linken Gefäßseite enden, damit dort das Violett die Schattenfarbe erhalten bleibt.

5 Sehr helles Licht erzeugt ebenso helle Reflexionen. Hier spiegelt sich auf der linken Seite des Gefäßes rechts im Bild ein sehr starker Lichtreflex vom anderen Gefäß. Der violette Schatten, den der Gefäßhals bildet, leuchtet ziemlich hell. Von den Tonwerten her besteht kein großer Unterschied zwischen dem Gelb und dem Violett, was den gesamten Leuchteffekt verstärkt.

6 Als Himmel bleibt die violette Untermalung, damit das Ockergelb richtig glühend glänzt und der Eindruck von schwüler Sommerhitze verstärkt wird. Tragen Sie zum Abschluss mit kurzen, nicht durchgezogenen Pinselstrichen eine Lasur aus Gelber Ocker, Titanweiß und einer Spur Kobaltblau auf die sonnenbeschienene Bodenfläche.

F & A

Wie male ich flauschige Wolken, die dennoch Tiefe und Volumen haben?

Das größte Problem bei flauschigen Kumuluswolken ist, sie ausreichend groß und optisch beeindruckend zu malen, ohne dass sie zu schwer und zu plump aussehen. Um überzeugend zu wirken, müssen sich die Wolken scheinbar der Schwerkraft entziehen, aber perspektivisch korrekt sein. Obwohl sie sehr hell aussehen, müssen die Wolken auch Schatten werfen und eine schattige Seite haben. Duftige Wolken scheinen, ganz im Gegensatz zu dünnen Wolkenfetzen oder geballten Regenwolken, eher vom Himmel abgetrennt, als ein Teil von ihm zu sein. Um diesen Effekt darzustellen, malen Sie die Wolken nicht als Teil des Himmels selbst, sondern später auf diese Fläche.

1 Verwenden Sie zum Kolorieren des Himmels zwei verschiedene Blautöne: einen warmen (helles Blauviolett) und einen kalten (Permanent Hellblau). Dadurch bekommt der Himmel eine stärkere Wirkung von Tiefe und Weite.

2 Beginnen Sie nun, die Wolken mit einer halbdeckenden Mischung aus Titanweiß aufzumalen. Die Farbe darf nicht zu dick sein, sonst wirken die Wolken zu schwer und wenig überzeugend. Für das Zentrum der Wolken nehmen Sie eine dickere Mischung und tragen diese zum oberen Wolkenrand hin verdünnter und weniger deckend auf, damit die Wolken luftig und flockig aussehen.

3 Malen Sie die Wolken in Richtung Horizont immer kleiner. Für die kleinsten Wolken tragen Sie stark verdünntes Titanweiß nur mit der feinen Spitze Ihres Haarpinsels auf. In dieser flachen, weiten Landschaft können Sie leicht erkennen, wie die Wolken immer kleiner werden, je näher sie dem Horizont kommen, so wie auch die Bäume und Häuser mit zunehmender Entfernung scheinbar immer kleiner werden. Das trifft auch auf die Detailschärfe und die Farbkontraste zu, die immer mehr abnehmen und bei den weiter entfernten Wolken kaum noch erkennbar sind.

4 Damit die Wolken ein dreidimensionales Aussehen bekommen, tragen Sie ein verdünntes, neutrales Grau auf die vorderen Wolken auf, sodass Sie gleichzeitig die Schattenbereiche festlegen und den Wolken Volumen geben.

5 Im Endergebnis zeigt sich eine ziemlich überzeugende Tiefe, die mit einfachsten Mitteln dargestellt wird. Das Bild präsentiert Perspektive nicht nur durch die Relation der Größen, sondern auch durch die Wirkung der Luftperspektive. Die vordersten und größten Wolken kontrastieren stärker mit dem Blau des Himmels, als die kleinen am Horizont.

TIPP

Diese einfachen Regeln können mehr oder weniger bei jeder Darstellung von Wolken angewandt werden. Bei düsteren Sturmwolken vergrößern Sie die Form und Intensität der Schatten und erhöhen die Anzahl der dunklen Farbtöne. Wenn Sie hochstehende luftige Federwolken malen, verwenden Sie die zarten Striche für die entfernten Wolken auch im Vordergrund. Um eine bedeckte, regnerische Atmosphäre zu beschreiben, nuancieren Sie Paynesgrau in das Blau des Himmels.

Sommerwolken

In diesem schlichten Landschaftsbild zieht die riesige Wolke im Vordergrund beinahe mehr Blicke an, als der mächtige Heuballen. Während sich die kleinen Wolken am Himmel immer weiter nach hinten entfernen, spiegeln sie die Farben der darunter liegenden Heuballen wieder. So kommt das Bild zu einer wunderbaren Farbharmonie. Beachten Sie auch, wie stark das Blau des Himmels zum Horizont hin verblasst, sodass der hellste Bereich der Wolke im dunkelsten Teil des Himmels liegt. Dadurch erhöht sich die Wirkung von Tiefe und Entfernung enorm.

Wie kann ich ein Phänomen wie Wind überzeugend darstellen?

Fahnen, Baumwipfel, Weizenfelder, Regenschirme oder schräg fallender Regen – es gibt viele Möglichkeiten, den Wind in einem Bild zu beschreiben. Ebenso wie das Licht kann man auch den Wind nur durch seine Wirkung auf andere Objekte darstellen. Und ähnlich wie bei einer Lichtquelle analysieren Sie auch beim Wind die Richtung, aus der er weht, und seine Wirkung auf die Objekte, die er bewegt. Wind wirkt sich bei unterschiedlichen Objekten auch unterschiedlich aus – leichten Stoff bläht er auf, Blattwerk drückt er zusammen – unmöglich ist nur, dass er gleichzeitig aus zwei Richtungen weht. Prüfen Sie Ihr Bild auf eine konsequente Windrichtung, lassen Sie es aber nicht statisch wirken.

1 Platzieren Sie statische Objekte in den Vorder- oder Hintergrund, damit Sie leichter den Eindruck eines schwachen Windes erwecken können. Malen Sie dann diese schlichte Landschaft mit raschen Pinselstrichen in verschiedenen Mischungen aus Hookersgrün und Gelber Ocker.

2 Die ungefähren Formen der Wäsche fügen Sie in groben Zügen mit Pinselstrichen ein, die die einzelnen Kleidungsstücke nicht ganz definieren. Lassen Sie die schrägen Striche beim blauen Shirt links scheinbar in die Himmelsfarbe ausbrechen und in die Farbe verschmelzen. Das betont die Bewegung, die der Windstoß verursacht.

3 Skizzieren Sie die weiteren Kleidungsstücke mit diversen Mischungen aus Kadmiumrot und Cöelinblau. Der Wind kommt eindeutig von hinten und bläst die Wäsche auf den Betrachter zu. Wenn die Wäsche etwas drunter und drüber von der Leine hängt zeigen Sie, dass die Stücke verschieden auf den Wind reagieren; sie scheinen vor dem hellblauen Himmel zu tanzen.

4 Der Wind bläht das Kleid von innen auf. Die aufgeblähte Stoffoberfläche zeigt mehr helle und dunkle Farbnuancen, als die der anderen Kleidungsstücke. Die Teile der Kleidung, die näher an der Wäscheleine liegen, sind weniger vom Wind bewegt und zeigen ihre Formen deutlicher, so wie dies auch bei Fahnen, die am Mast hängen, der Fall ist.

5 Die leichten Pinselstriche und die transparenten Farben, die beispielsweise bei dem Shirt auf der linken Seite und am unteren Rand des Kleides verwendet wurden, lassen die Kleidung verschwommen aussehen, sodass der Eindruck entsteht, sie würde gerade vom Wind durch die Luft gewirbelt werden.

F&A

Wie kann ich die Atmosphäre eines nebligen Tages im Bild wiedergeben?

Beim Malen von Nebel besteht die Kunst mehr darin, das nicht Sichtbare anzudeuten, als das Sichtbare darzustellen. Die Konturen und Abstände sind schwach und gehen ineinander über, das Licht zeichnet die Objekte eher undeutlich als deutlich und die Farben sind gedämpft und blass. Gegenstände, die sonst massiv sind, werden zu geisterhaften Schemen, während Schatten fast völlig fehlen. Das intensive, graue Licht des Nebels durchdringt alles in der Landschaft, deshalb brauchen Sie ein feines Gespür für ähnliche Tonwerte, wenn Sie dieses Wetterphänomen malen möchten. Die diffuse Zartheit dieser trüben Atmosphäre kann leicht dazu führen, dass das Bild verwaschen und substanzlos aussieht, wogegen zu deutlich gemalte Elemente bewirken, dass die Harmonie und Feinheit der Szene, die Sie eigentlich darstellen wollen, verlorengeht.

1 Bereiten Sie als Erstes einen farbigen Untergrund vor, damit Sie das Licht des Nebels richtig mit Farbe beschreiben können, anstatt für die Darstellung nur das Weiß des Papiers und die Farblosigkeit zu nutzen. In diesem Beispiel hier, ergeben sich die blassen Blautöne eines Winterhimmels aus Brillantviolett gemischt mit Paynesgrau. Die kühle Feuchtigkeit wird durch die kalte Vordergrundfarbe aus Hookersgrün und dunklem Chinacridon Orange noch zusätzlich betont.

2 Beginnend am Horizont deuten Sie die Hauptumrisse in einem blasseren Ton aus der Himmelsfarbe möglichst verschwommen an. Verstärken Sie dabei die dunklen Töne und die Farbintensität stufenweise zum Vordergrund hin.

TIPP

Bei nebligem Wetter sind die Farben stets zart und gedämpft. Achten Sie sorgfältig auf die Farbwahl und verwenden Sie minimal unterschiedliche Töne. So können Sie die Zartheit der Farben und Formen bewahren, ohne dass Ihr Bild zu einer grauen Masse verschwimmt.

4 Die Farben und die Konturen der Formen sind im Vordergrund zwar deutlicher und klarer definiert, aber der Nebel hört nicht plötzlich auf. Kreieren Sie deshalb etwas Bodennebel, indem Sie mit dem Finger über die Untergrundfarbe reiben.

3 Zu viele Details und präzise Konturen zerstören den ätherischen Effekt des Nebels. Um den Konturen die Schärfe zu nehmen, verwischen Sie die Farben mit den Fingern. Zudem werden Sie auf diese Weise etwas davon abgehalten, die Objekte im Nebel mit zu vielen Details auszuschmücken.

5 Für die dunkleren Bildbereiche, wie beispielsweise im Kern des größten Baumes, mischen Sie dunklere Varianten (mit einem größeren Anteil an Paynesgrau) aus den bisher verwendeten Farbmischungen. Malen Sie die kontrastierende Farbfläche des Himmels über dem Hügel mit Titanweiß, Gelb und einer winzigen Spur Violett, das dem Gelb die Leuchtkraft nimmt. Die Gegenüberstellung der kräftigen Farbtöne im Vordergrund zu den blasseren in der Ferne verstärkt die Illusion von Tiefe und Raum. Zudem geben die ausgeprägten Töne im Vordergrund dem Bild mehr Halt und lassen die nebligen Bereiche zarter erscheinen. Beachten Sie auch, dass die Baumstämme durch den blassen Nebel kaum sichtbar sind. Die zwielichtig dargestellten Formen, Konturen und Farben tragen dazu bei, dass das Gefühl eines nebligen Morgens auf dem Lande entsteht.

F & A

Wie übe ich das Malen von Schnee am besten?

Die Schönheit eines Schneemotivs liegt in den auffälligen Mustern, die durch das Spiel von Licht und Schatten entstehen. Setzen Sie jeden möglichen starken Farbkontrast ein, etwa den dunklen Strich für einen Baum gegen den hellen Schnee und den Himmel. Die einzigen dunklen Akzente im Weiß einer schneebedeckten Landschaft sind die filigranen Äste der Bäume und die dunklen Straßen, ja sogar die Spuren von Wanderern und Tieren sehen in den weißen Schneemassen fast schwarz aus.

1 Zu Beginn stellen Sie eine dünne Mischung aus Phthalotürkis und Titanweiß her. Das satte Blautürkis ist der perfekte Hintergrund für eine Schneeszene. Malen Sie die Äste mit einer Mischung aus Umbra natur und Titanweiß. Auf diese Weise erhalten Sie einen neutralen Untergrund, der später die kräftigen Linien der Baumrinde hervorheben und das Weiß des Schnees zur Geltung bringen wird.

2 Die dunkle Struktur der Rinde auf den Unterseiten der Äste malen Sie mit einem feinen Schlepperpinsel und einer Mischfarbe aus Umbra natur und Dunkelblau. Gestalten Sie dabei ein kräftiges, lineares Muster, das der Form des Astes folgt. Beachten Sie auch, dass der Zweig links im Bild weiter hervortritt, weil er etwas mehr Stabilität zeigt als der dahinter liegende Ast. Vermeiden Sie jede Übertreibung beim Malen der Rinde, sonst wirkt Ihr Bild am Ende eher plump.

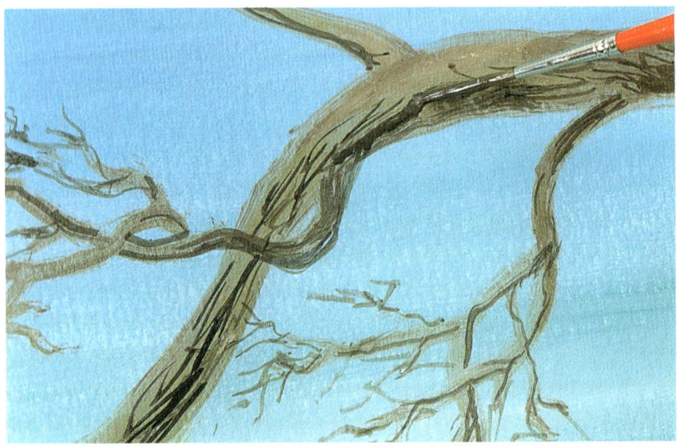

3 Sobald die Baumäste mehr oder weniger ausgearbeitet sind, schaffen Sie mit dem weichen Schnee ein Gegengewicht zu den dunkel strukturierten Ästen. Die Äste bilden einen extrem dunklen Untergrund, der nun mit dem Weiß des Schnees übermalt wird.

4 Zum Malen des Schnees mischen Sie für die erste Lasur ein Blauweiß aus Titanweiß und einer Spur Ultramarinblau. Tragen Sie diese Farbe, die dann auch als Schattenfarbe dient, dick und ungleichmäßig auf, damit sie scheinbar mit der Struktur der Rinde verschmilzt.

5 Über das Blauweiß legen Sie nun noch eine weiße Lasur, dieses Mal eine Mischung aus Titanweiß und Goldocker. Sie ergibt ein wärmeres Weiß für den hell leuchtenden, reflektierenden Schnee. Tragen Sie auch diese ungleichmäßig auf, damit das Blauweiß noch durchschimmern kann.

6 Der Schnee wurde in dieser einfachen Studie mit einer Kombination sowohl aus kalten, als auch aus warmen Farben gemalt, sodass er kontrastierend auf den kälteren dunkleren Baumästen liegt und gleichzeitig mit deren Struktur und Stämmigkeit harmoniert. Beachten Sie auch, wie sich der Schnee auf dem dicken Ast, der aus der unteren Bildecke emporragt, in die Furchen der Rinde fügt.

S Studie: Schneelandschaft

Für einen Maler ist die verblüffendste Sache am Schnee, dass er so unglaublich starkes Licht in ein Bild bringt. Das von der hellsten Stelle einer Schneefläche reflektierte Licht kann so stark sein, dass es Bereiche hell beleuchtet, die sonst im Schatten liegen. Jeder, der schon einmal von einem Leuchten geweckt wurde, das frischer Schnee von draußen an die Zimmerdecke wirft, weiß, wie hell und stark reflektierend der Schnee sein kann. Schnee zu malen kann einige knifflige Aufgaben beinhalten – eine davon ist die Frage, wie man den weißen Massen Gestalt gibt.

1 Damit Sie den weißen Schnee darstellen können, legen Sie zunächst eine farbige Untermalung auf das Weiß des Malgrunds. Mischen Sie hierfür ein helles Blauviolett aus Titanweiß und Ultramarinblau. Anschließend skizzieren Sie die Komposition in Chinacridon Gold und halten dabei die wichtigsten Formen und Konturen fest.

2 Obwohl ein großer Teil des Vordergrundes schneebedeckt sein wird, malen Sie die untere Hälfte der Komposition und die Formen vor der Grundstücksmauer mit einer transparenten Mischung aus Elfenbeinschwarz und mattem Malmittel. So entsteht Tiefe, weil einzelne Striche durch den Schnee schimmern werden, und zudem sind Sie gezwungen, das Weiß dann großzügig aufzutragen und auf der matten Fläche auszuziehen. Legen Sie die schwarze Mischfarbe auch auf die Details im Hintergrund.

3 Die sonnenbeschienene Wand ist die einzige große Fläche mit warmen Farben in diesem Bild. Malen Sie die Wand mit lockeren Pinselstrichen in Hellrosa. Da Sie diese Farbfläche schon zu einem frühen Zeitpunkt im Bild anlegen, haben Sie später einen Anhaltspunkt für die kälteren Farben in der restlichen Landschaft.

4 Als Nächstes legen Sie die dunkelsten Abschnitte im Bild an, wie etwa die schattigen Bereiche der Büsche hinter dem Haus. Durch das Einführen der hellsten und dunkelsten Töne gewinnen Sie eine Beurteilungsmöglichkeit für die Ausgewogenheit der Tonwerte in Ihrem Bild. Alle Schneemotive enthalten scharfe Kontraste zwischen Hell und Dunkel, und genau diese Kontraste geben Ihrer Winterlandschaft Tiefe und Leuchtkraft.

5 Zwei weitere starke Kontraste sind der blasse, entfernte Himmel und die kräftigen, dunklen Linien des Astes, der ihn auf ganzer Länge quert. Malen Sie diesen Ast sowie die anderen Bäume und Sträucher in der Landschaft mit einer Mischung aus Hookersgrün und Elfenbeinschwarz. Auf diese Weise wirken sie stärker im Bild verankert und stabiler.

6 Heben Sie die Formen der entfernten Felder mit einer Schicht Titanweiß hervor. Lassen Sie dabei Spuren der blauen Untermalung stehen, um eine bessere Wirkung von Ferne und Atmosphäre zu erzielen.

7 Fahren Sie fort, indem Sie die näheren Felder mit Titanweiß malen. Wenn Sie zunehmend bei den vorderen Feldern ankommen, decken Sie den blauen Untergrund komplett mit Weiß ab. Lassen Sie die dunkleren Bereiche dabei unberührt, besonders die Senkrechten der Bäume in der mittleren Distanz.

8 Um dürre, raue Linien für die Andeutung der Baumäste im Mittelgrund zu erhalten, ritzen Sie mit Ihrem Pinselstiel in die noch feuchte Farbe und legen so die Untergrundfarbe frei. Während Sie mit der Spitze des Stiels ritzen, ziehen Sie auch die weiße Farbe durch die dunklen Striche des Feldes hinter dem Baum, um für mehr Strukturen im Bild zu sorgen.

9 Der Mittelgrund, wo die Hecke und die Mauer am Ende des vorderen Feldes zusammentreffen, muss genau definiert sein. Tupfen Sie weiße „Löcher" zwischen die Blätter des dichten Efeus und tragen Sie weiße Farbe um die restliche Mauer herum auf, um sie von der Baumreihe dahinter zu separieren.

10 Die Ziegelreihen auf dem Dach sind durch die dicke Schneedecke kaum noch sichtbar und müssen konkretisiert werden. Hierzu tragen Sie dicke Streifen in Weiß den Perspektivlinien folgend parallel zu den Seiten des Daches auf. Verwenden Sie dafür einen Flachpinsel mit geraden Borsten, damit die Striche auf der ganzen Fläche des Daches einheitlich ausfallen.

11 Mit einem Malmesser tragen Sie dann eine dicke Schicht Weiß auf den Vordergrund auf und sparen dabei lediglich die Figuren links neben dem Pfad aus. Malen Sie den Schnee auch auf die Oberseite der Mauer hinter den Figuren. Damit verleihen Sie Ihrem Bild mehr Tiefe und betonen optisch, dass die Figuren zwei kleine Farbtupfer in dieser Schneelandschaft sind, und somit also der Blickfang im fertigen Bild.

12 Bedecken Sie nun den Boden vor dem Haus mit tiefem Schnee. Für den Pfad, der zwischen den Figuren und dem Haus liegt, ziehen Sie mit dem Malmesser etwas weiße Farbe in die Grundfarbe.

13 Das Malmesser können Sie sowohl beim Gestalten von Strukturen als auch beim Auftragen dicker Farbschichten einsetzen. Wenn Sie zum Beispiel Spuren im Schnee andeuten möchten, ziehen Sie das Malmesser und die Farbe langsam über die Malfläche, um so eine raue, strukturierte Oberfläche zu erzielen.

14 Damit der Schnee auf dem Pfad noch mehr Struktur bekommt, fahren Sie mit der Spitze Ihres Pinselstiels über die weiße Fläche und ritzen Sie dabei ein. Die Farbe besitzt genug Substanz, um sich klar von den kleinen Mustern und Linien aus der dunklen Untermalung abzuheben, sodass ein überzeugender Effekt von zerfurchtem Schnee entsteht.

15 Tupfen Sie auf die Fläche der Hauswand eine Mischfarbe aus Chinacridon Gold und Hookersgrün. Auf diese Weise entsteht ein gesprenkeltes, fleckiges Muster, das an ein ungleichmäßiges Mosaik aus einfarbigen Flecken erinnert.

16 Als Nächstes malen Sie für das kleine Gatter im Zaun hinter den Figuren feine Striche ein. Anschließend sorgen Sie auch bei diesem Zaungatter zwischen dem Haus auf der rechten und der Mauer auf der linken Seite für mehr Struktur, indem Sie die oberste Schicht bis zur Untermalung einritzen und dabei das Braun des Gatters in das Weiß der Schneefläche ausziehen.

17 Gegen das Weiß der Schneelandschaft sehen die Figuren fast wie Schattenrisse aus und ihre dunklen Farben gehen in die dunkle Mauer über. Malen Sie die blaue Jacke mit einer Mischung aus Kobaltblau und Elfenbeinschwarz. Durch die leuchtenden Jackenfarben fallen die Figuren um einiges mehr auf.

18 Als Farbe für die Jacke und die Haare der rechten Figur verwenden Sie Marsviolett und für die beiden Gesichter eine Mischung aus Marsviolett und Titanweiß. Detailreichtum ist hier nicht nötig. Es ist sogar besser, die Figuren leicht verschwommen zu lassen, denn so erwecken sie eher den Eindruck von Bewegung, vor allem vor dieser statischen Kulisse.

19 Die leuchtenden, klaren Farben in dieser Winterlandschaft lassen das Gefühl entstehen, dass heller Sonnenschein auf dem Schnee liegt. Durch die Figuren bekommt die Komposition mehr Farbe und Dynamik, und durch die unterschiedlichen Strukturen und Farben der Bäume im eintönigen Schnee entsteht die Illusion von Entfernung und Weite. Zudem sorgen die Fußstapfen im Schnee des Vordergrunds für den Anschein von Tiefe und führen das Auge des Betrachters zu den entfernten Hecken.

F & A

Wie kann ich in meiner Darstellung Holzstrukturen nachbilden?

Holz ist eine wahre Quelle für eine fast endlose Vielfalt an Farben und Strukturen. Die Rinden der Bäume und Hölzer sind reich an interessanten Mustern, bereits zugeschnittene Bretter zeigen neben der natürlichen Maserung auch Säge- und Bearbeitungsspuren, und jede Holzart hat unterschiedliche Formen, Astlöcher und Schwielen. Auch hier führt der beste Weg zu einer gelungenen Abbildung der Farben und Strukturen – wie immer – über das genaue Studium des Objektes, nach man dann einfach malt, was man sieht. Ob Sie nun die rauen, verwitterten Bretter eines Holzhauses malen, oder Treibholz am Strand – die Techniken sind jeweils dieselben.

1 Mischen Sie Umbra natur und Weiß, aber nicht ganz homogen. Verwenden Sie einen breiten Flachpinsel mit Borsten und tragen Sie die Farbe mit aufeinanderfolgenden Strichen von links nach rechts auf, sodass die Farbstreifen die Holzmaserung andeuten.

2 Malen Sie die geschwungenen Linien für die einzelnen Bretterkanten in Elfenbeinschwarz und verdünnen Sie die Farbe so stark, dass Sie flüssige Linien erzeugen können. Variieren Sie dabei stellenweise die Strichdicke, um die unterschiedlichen Stärken der Holzplatten anzuzeigen.

3 Als Farbe für die Oberseiten der Bretter nehmen Sie ein gut verdünntes, neutrales Grau. Die dünnflüssige Farbe ist so transparent, dass die darunterliegenden Pinselstriche zum Vorschein kommen können.

4 Tragen Sie eine hauchdünne Schicht Titanweiß in einer deutlich festeren Konsistenz auf die Holzplatten, um die darunterliegende Farbe abzudämpfen. Für die Schatten der aufliegenden Platten an den Überlappungsstellen lassen Sie die Untermalung stehen.

5 Solange das Titanweiß noch feucht ist, ritzen Sie mit Ihrem Pinselstiel das Muster der Holzmaserung in die Farbschicht. Um die Maserung zu variieren, kratzen Sie stellenweise bis in die erste Farbschicht.

6 Vertiefen Sie die Schatten an den Überlappungsstellen mit einem feinen Naturhaarpinsel und verdünntem Paynesgrau. (Waschen Sie Haarpinsel sofort nach Gebrauch gründlich aus, da sich getrocknete Acrylfarbe nur schwer bis gar nicht entfernen lässt.)

7 In diesem Stadium des Bildes fehlt dem Holz noch der letzte Schliff und seine Farbe wirkt etwas kalt. Sobald Sie eine Unstimmigkeit im Bild bemerken, aber nicht genau wissen, was Sie tun sollen, stellen Sie das Bild am besten für eine Weile beiseite. Meist hilft es, wenn Sie es später neu betrachten.

8 Mit einer Lasur in transparenter Farbe lässt sich die Farbtemperatur leicht ändern. Tragen Sie hier eine Lasur in Umbra natur auf, und verreiben Sie diese stellenweise, damit die Farben insgesamt etwas wärmer wirken. So imitieren Sie die unregelmäßigen Witterungsspuren und den natürlichen Abrieb des Holzes.

9 Nach dem Auftragen der transparenten Farblasur sieht die Oberfläche viel wärmer und holzartiger aus. Falls Sie möchten, können Sie noch mehr Maserung darstellen, indem Sie die darunterliegende Farbschicht weiter freikratzen.

F & A

Wer sind die Präzisionisten, und wie imitiere ich deren Stil?

Maschinenbauteile – Räder, Zahnräder und Ketten – und der Schein von Metall und ölig glänzenden Oberflächen können fesselnde Motive für einen Maler sein. Es gibt ganze Künstlerverbände, die sich nur mit Zügen, Flugzeugen, Rennautos und Militärausrüstungen befassen und deren Mitglieder sich allesamt für das nüchterne, künstliche Design von Maschinenteilen begeistern. Künstler wie Fernand Léger und Charles Sheeler hatten eine Vorliebe für Industriemotive. Sheeler, der Fabriken und Lokomotiven malte, gehörte einer amerikanischen Künstlergruppe an, die als Präzisionisten bekannt wurden, weil das Sujet ihrer Bilder vorwiegend die Präzision und das Detail der Maschine war. Künstler wie Léger dagegen waren mehr an den vereinfachten Maschinenformen interessiert.

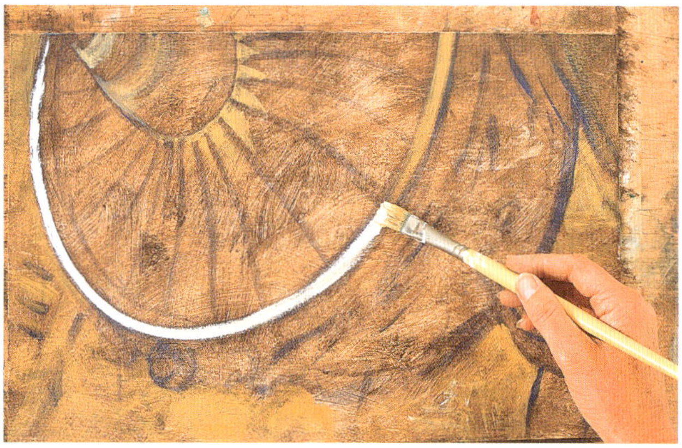

1 Grundieren Sie gleich eingangs die gesamte Malfläche mit einer Lasur in einer Mischfarbe aus Umbra natur und Kobaltblau. Anschließend skizzieren Sie mit verdünntem Kobaltblau die Umrisse der Maschinenteile. In hauchdünnen Schichten tragen Sie nun die Hauptfarben auf, lassen dabei aber die transparente erste Farbschicht durchscheinen, um die Hauptfarben zu dämpfen.

2 Beginnen Sie mit dem stufenweisen Aufbau von Licht und Schatten auf den Schaufeln der Turbine. Wahrscheinlich müssen Sie mehrere Farbschichten auftragen, bis die metallene Oberfläche gut zu erkennen ist. Legen Sie Glanzstellen in Titanweiß als Vergleichston für die anderen Licht- und Schattentöne an.

3 Mit einer Mischung aus Umbra natur und Dunkelblau fügen Sie nun die dunkelsten Schatten ein, also das andere Ende der tonalen Skala. Hiermit sind sowohl die hellsten als auch die dunkelsten Tonwerte eingeführt, und Sie können alle dazwischen liegenden Töne nach diesen richten und beurteilen.

4 Jede Metallschaufel im Rad der Turbine ist leicht gebogen, und das Licht fängt sich am stärksten auf den einzelnen Schaufelrändern. Malen Sie die breitere Fläche jeder Schaufel mit einer Mischung aus Oxidrot und Gelber Ocker, die Sie mit Titanweiß aufhellen. So wirken die Schaufeln tiefer und sehen dreidimensionaler aus.

5 Verwischen Sie die Farbe an den Schaufelrändern mit Ihrem Finger. Reiben Sie dabei die warme, helle Farbe von den Rändern weg in die Schatten, sodass die Farben verschmelzen und ineinander übergehen.

6 Mit einem Schlepperpinsel und einer Mischung aus Titanweiß und Dunkelblau malen Sie feine Linien auf die Innenseite der Felge um den Radkranz. Auf den Rand der Felge tragen Sie einen wärmeren und leicht deckenden Farbton aus verdünntem Gelber Ocker auf. Zu diesem Zeitpunkt ist das Gelb nur eine vorläufige Farbe, die noch verändert wird.

7 Die Nabe des Laufrads malen Sie mit einer Mischung aus Kadmiumrot und Umbra natur. Tragen Sie die Farbe zart auf und verschmelzen Sie sie leicht mit den dunkleren Tönen, damit die Farbränder nicht zu deutlich ausfallen. Legen Sie eine letzte Schicht Titanweiß auf den Ansatz des Laufrads, sodass sich diese kräftige, deckende Farbe besser von den umliegenden gedämpften Farben abhebt. Dadurch entsteht die Illusion von Tiefe und der optisch überzeugende Eindruck, dass der Radkranz aus schwerem Metall besteht.

8 Malen Sie das Gehäuse der Turbine zum Rad hin mit etwas weniger deckendem Titanweiß und verwischen Sie die Ränder zur Felge hin. Als letzten Schliff fügen Sie mit Titanweiß noch einige Glanzstellen auf die Seite des Turbinenmantels, lassen aber noch Spuren der dunkelblauen Farbe als Andeutung der Schatten stehen. Dieses Bild entstand mit einer bemerkenswert eingeschränkten Palette. Wie wir gesehen haben, enthält es drei verschiedene Rot, drei Blau, ein Gelb und ein Braun. Es ist erstaunlich, dass in einem Bild wie diesem, das sich so sehr auf die Unterschiede im Tonwert aufbaut, weder Paynesgrau noch Schwarz verwendet wurde.

F & A

Wie gelingen mir Effektoberflächen und Strukturen in meinen Bildern?

Es ist ein gutes Gefühl, wenn man ein Bild geschaffen hat, das so reich strukturiert ist, dass die ursprüngliche Papier-, Holz- oder Leinwandstruktur verschwunden und nur noch die gemalte Oberflächenstruktur sichtbar ist. Wenn Sie Objekte aus Stillleben, Landschaften oder architektonischen Motiven näher betrachten, können Sie sich die ganze Vielfalt der Strukturen erschließen. Neben dem gründlichen Beobachten der Lichteffekte können Sie auch die Oberflächen auf Unebenheiten und Abnutzungsspuren untersuchen, wie etwa kleine Beulen oder ausgefranste Ränder. Backsteine, Fliesen, Kies, Pflastersteine, Steinmauern und Zementblöcke haben alle ihre eigene und ganz spezifische Oberflächenstruktur. Das folgende Beispiel zeigt, wie Sie trockene, poröse Ziegel und Fugenmörtel überzeugend echt darstellen können.

1 Das Motiv dieses Bildes sind die verfugten Backsteine in einem Mauerausschnitt. Um mit dem Malen zu beginnen, verwenden Sie zunächst ein Malmesser mit rautenförmiger Klinge und eine Mischung aus Mars-Orange, einem deckenden Oxidorange, und Strukturpaste (oder Modellierpaste), damit die Mischung mehr Festkörpergehalt bekommt.

2 Malen Sie mit einem Borstenpinsel mit feiner Spitze den Mörtel der Fugen in neutralem Grau, das im Vergleich zum Orange kalt wirkt. Zum Malen feiner Linien muss die Farbe eine sehr flüssige Konsistenz haben, damit Sie nicht ständig unterbrechen und den Haarkörper neu füllen müssen. Falls Sie merken, dass Sie keine besonders ruhige Hand haben, zeichnen Sie die Linien mit Bleistift und Lineal vor. Die Ränder der Backsteine sind jedoch nicht ganz gerade, deshalb stören kleine Zacken in den Linien nicht.

3 Dämpfen Sie mit einer hauchdünnen Lasur aus einer eher trockenen Mischung von Orange und Titanweiß die Grundfarbe ab, damit der Effekt der Strukturpaste zur Wirkung kommt. Wenn Sie nun die Backsteine betrachten, können Sie bereits die trockene, poröse Steinoberfläche erahnen.

4 Anschließend dämpfen Sie mit einer hauchdünnen Lasur in derselben Mischung die Farbe des Fugenmörtels ab, damit sie heller und strukturierter aussieht. Tragen Sie die Mischung nur auf die Mitte des Fugenmörtels, damit die Schatten der Backsteine an den Rändern erhalten bleiben.

5 Nehmen Sie einen flachen Borstenpinsel und tragen Sie damit eine letzte, dunklere Mischung aus Orange und neutralem Grau auf die Backsteine, um den aus der linken oberen Ecke kommenden Lichteinfall anzudeuten. Achten Sie darauf, dass die Farbe beim Abdämpfen nicht zu feucht ist, weil diese Technik sonst nicht gelingt.

6 In der fertigen Abbildung sehen Sie die Backsteine mit einer überzeugend rauen Struktur. Da Acrylfarben robust genug sind, können Sie sowohl die Farben als auch ähnliche Techniken für dekorative Zwecke in Ihrem Wohnbereich einsetzen und beispielsweise eine Steinmauer oder Fliesenimitationen auf Ihre Wand oder Zimmerdecke malen.

S Studie: Sommerhotel

Wenn ein Künstler ein neues Bild malen möchte, muss er sich nicht nur um Motiv, Komposition, Farben, Größe und Format Gedanken machen, er muss auch überlegen, mit welcher Technik er die Farben auftragen will. Der Pinsel ist dabei nur eine unter vielen Möglichkeiten. Neben Mal- und Palettmessern können Sie Ihre Finger, Spritzgeräte und jedes andere Gerät, das flexibel ist und Farbe aufnehmen kann, verwenden. Besonders Motive aus der Architektur eignen sich für Techniken kräftiger Farbaufträge, weil sie meist Unmengen an Strukturen auf Wänden, Dächern und Straßenbelägen bieten.

1 Bei einem so detaillierten architektonischen Motiv fertigen Sie am besten zuerst eine präzise Bleistiftskizze an. So können Sie das Gebäude in Ruhe zeichnen und Ihre Fluchtpunkte anlegen, bevor Sie Farbe auftragen. Auf dieser soliden Basis können Sie nun mit den Grundfarben beginnen. Malen Sie zunächst den Himmel in deckendem Hellblau mit einem Malmesser.

2 Lassen Sie vorerst Schatten und Details außer acht und tragen Sie mit einem Palettmesser eine deckende Schicht in Neapelgelb auf die Hauswände. So entsteht eine kräftige Basis für die dunkleren Lasuren. Die Farbbereiche können Sie mit dem Palettmesser und der nötigen Vorsicht haarscharf trennen. Diese Technik ist ideal bei architektonischen Motiven.

3 Für das Wellblechdach verwenden Sie eine blassrosa Mischung aus Titanweiß und Permanentrosa. Durch diesen Farbauftrag schaffen Sie eine solide, deckende Grundlage für jede weitere Struktur.

4 Damit das Dach mehr Tiefe bekommt, legen Sie ein etwas dunkleres Rosa auf die linke Seite und die Ränder. Die Öffnungen für die Fenster und Türen tönen Sie mit einer deckenden Mischung aus Umbra natur und Titanweiß dunkler.

5 Die Straße vor dem Hotel hat eine raue Oberflächenstruktur. Um diese treffend zu beschreiben, stellen Sie eine nicht ganz homogen gemischte Farbe aus Titanweiß, Permanentrosa und Umbra natur her, die Sie mit dem Palettmesser ungleichmäßig auftragen.

6 Bei kleinen Flächen und schmalen Streifen, wie dieser Balkonreihe, wird das Malen mit dem Palettmesser schon schwieriger. Aber Sie werden herausfinden, dass das Messer sehr flexibel ist und eine feine Spitze hat. Mischen Sie Titanweiß mit Phthalotürkis und malen Sie damit die Balkonreihe.

7 Umranden Sie das Dach mit einer feinen Linie in der Balkonfarbe. Für die großen Schatten nehmen Sie Chinacridon Gold, eine satte transparente Farbe. Legen Sie die Lasur fast über das gesamte Neapelgelb und lassen Sie nur die kleine Stelle mit dem direkten Lichteinfall links unterhalb der Balkons aus.

8 Sobald das Chinacridon Gold getrocknet ist, malen Sie mit verdünntem Phthalotürkis die Schatten unter dem Dachvorsprung. Dadurch hebt sich das Dach von der Hausfassade ab und der Zwischenraum hinter den Balkons wirkt tiefer.

9 Mit einer Lasur in Phthalotürkis sorgen Sie dafür, dass die Fenster und Türen mehr Tiefe bekommen. Richten Sie sich dabei nach den Formen der Schatten, die sich in den Fensternischen bilden, damit die Bereiche natürlich geformt und wirklichkeitsgetreu aussehen.

10 Der schwierigste Teil in diesem Bild sind die komplizierten, schmiedeeisernen Balkongitter. Malen Sie die Details mit einem dünnen Schlepperpinsel und einer dunkleren Mischung aus Titanweiß mit Permanentrosa. Die Mischung muss so dünn sein, dass Sie die Linien flüssig ziehen können. Da deckende Farben oft leichter fließen, mischen Sie mehr Titanweiß zu.

11 Malen Sie nun mit einer Mischung aus Kobaltblau und Titanweiß einige bläuliche Flecken, um den schwachen Schein der Lichtreflexionen auf Fenstern oder Glasscheiben anzudeuten. Es ist sehr schwierig, Details wie Fenster richtig darzustellen. Beobachten Sie deshalb genau, wohin das reflektierte Licht und die Schatten fallen, bevor Sie die Farbe auftragen.

12 Die letzten Etappen bis zum Abschluss eines Bildes bestehen oft aus dem stufenweisen und methodischen Einfügen wichtiger Details, die alles miteinander verbinden. Malen Sie deshalb eine Linie in Titanweiß gemischt mit Phthalotürkis unter den oberen Rand der Schornsteine auf dem Dach.

13 Die Autos malen Sie mit einfachen Strichen in Permanentrosa und Titanweiß für die hellen Flächen, und in Umbra natur gemischt mit Phthalotürkis für die dunklen. Auf der Seitenfassade des Hotels deuten Sie mit einigen Streifen in Chinacridon Gold die Schatten der Eisenpfosten an.

14 Als Nächstes malen Sie mit Chinacridon Gold die Details auf den Backsteinen im unteren kleinen Mauerstreifen der Hotelfassade. Berücksichtigen Sie dabei, dass sich die Farbe des Schattens ändert, sobald er auf die braune Fläche fällt. Greifen Sie deshalb für diese Schatten wieder auf das stark verdünnte Phthalotürkis zurück.

15 Die abschließenden Glanzstellen auf den Eisenpfosten tragen Sie mit einer Mischung aus Titanweiß und Phthalotürkis auf. Dieser helle Streifen harmonisiert nicht nur die Darstellung des Lichteinfalls, durch ihn gewinnt der einzelne Pfosten auch mehr Volumen und Substanz, sodass er nun nicht mehr nur ein flacher Farbstreifen ist.

16 Obwohl das Motiv offensichtlich sehr hell und bunt ist, wurde beim Malen keine sonderlich große Bandbreite an Farben eingesetzt. Die einzigen Farben, die verwendet wurden, sind Titanweiß, Permanentrosa, Neapelgelb, Phthalotürkis, Chinacridon Gold und Kobaltblau. Das Ergebnis zeigt ein Bild voller Frische, Licht und Struktur.

6 Das Wasser als Motiv

Wasser ist zweifellos eines der verbreitetsten und beliebtesten Themen in der Malerei, ob es sich dabei um Seestücke, Flüsse, Regenpfützen in Stadtlandschaften oder Waldbäche handelt. Weniger verbreitet sind allerdings die Kenntnisse, wie man die Farben und Effekte von Wasser in einem Bild reproduziert. Obwohl uns das Wasser transparent erscheint, muss man beim Malen zu den höchst deckenden Farben greifen. Denken Sie nur an die satten Grüns und die lebhaften Blaus einer Meeresfläche im Sonnenlicht, an die blassen und künstlichen Farben eines Swimmingpools im Haus oder an die hellen, schillernden Spiegelungen der Geschäftsfassaden auf einer nassen Straße. Optisch erkennen wir Wasser nur durch die Reflexionen, deren Farben und Formen von der Wasseroberfläche verzerrt werden. Um das Elementarste des Wassers beschreiben zu können, müssen Sie das Zusammenspiel zwischen dem Wasser und seiner Umgebung darstellen.

Spielt das Wasser nur eine untergeordnete Rolle im Bild, beispielsweise als Bach in einer Landschaft oder als Niederschlag in einer verregneten Straßenszene, ist es das Lichtspiel, das die Wirkung des Bildes steigert, indem es die Komposition mit mehr Atmosphäre und Farbenvielfalt bereichert. Der gezielte Einsatz dieser Elemente ist steuerbar, und es liegt allein im Ermessen des Künstlers, wieviel Bedeutung er ihnen beimißt und wie er sie in sein Bild einbezieht. Nimmt das Wasser allerdings vier Fünftel oder mehr der Bildfläche ein, wie etwa bei einem Seestück, entstehen ganz neue Anforderungen an die Komposition.

In Bildern mit Wasser gibt es eine ganze Reihe von Elementen, die das Zusammenspiel zwischen Strukturen, Linien und Farben beeinflussen: Der Übergang von Himmel und Meer am Horizont, die Position von Sonne oder Mond am Himmel, die Spiegelungen von Bäumen oder Booten auf einem See, die Auswirkungen von Nebel, Eis oder ganz besonders von Wind. Alle diese Elemente verändern die Oberfläche oder die Farbe des Wassers. Zudem gibt es innerhalb jeden Gewässers Unterteilungen, wie beispielsweise Wellen, Wolkenspiegelungen und Pflanzen unter der Wasseroberfläche. Dennoch müssen Sie beim Malen das Wasser als Einheit darstellen, ohne dass es sein flüssiges Aussehen verliert. Der Künstler kann diese schwierige Aufgabe einesteils durch das sorgfältige Studieren der Muster auf der Wasseroberfläche, und andererseits durch eine dezente Farbwahl sowie gut überlegtes Mischen lösen.

F&A

Wie male ich kleine, gekräuselte Wellen auf eine Wasseroberfläche?

Selbst das stillste Gewässer wird häufig von gekräuselten Wellen durchzogen. Der leichteste Windhauch und die schwächste Strömung können die kleinen Wölbungen und Senkungen auf der Wasseroberfläche bewirken. Tatsächlich besteht die gekräuselte Fläche einfach aus kleinen Wellenbergen und Wellentälern. Betrachten wir dieses gekräuselte Wasser aber näher, sehen wir komplizierte Muster auf der Oberfläche, die durch Spiegelungen, Farben und einfallendes Licht entstehen. Aus diesem Grund malt man die Wellen am besten vereinfacht.

1 Um das Wasser überzeugend echt darstellen zu können, müssen Sie den Untergrund sorgsam vorbereiten, weil er den Großteil des Bildes bestimmt. Durch ihn werden die Farbkomposition sowie die Illusion von Weite und Tiefe im Bild eingeführt. Beginnen Sie die Studie dieser stillen Wasserfläche ähnlich wie beim Aquarell mit einer feuchten Lasur in hellem Meergrün.

2 Malen Sie zuerst mit stärker konzentriertem Kobaltblau die grundlegende Struktur der Wellen auf die gesamte Lasur. Beginnen Sie im Vordergrund mit breiten Strichen, die zum Hintergrund hin unregelmäßig kleiner werden. Die Farbkonsistenz muss pastoser als bei der Untermalung, aber dennoch ziemlich verdünnt sein.

3 Um die Intensität und Tiefe der Wellen wiederzugeben, fügen Sie in einem dunkleren Blau einfache Striche hinzu, die im Vordergrund wieder breiter sind. Wählen Sie ein Blau, das nicht zu kräftig ist, damit Sie es besser kontrollieren können, wenn Sie die anderen Blaus zart abdunkeln.

4 Als Nächstes malen Sie kurze Striche in einem leicht graustichigen, silbrigen Ton hinzu, um vom Wasser absorbiertes Licht darzustellen. Mischen Sie dafür Titanweiß, Kobaltblau und Rotviolett. Dieser Farbton wirkt auf dem kobaltblauen Vordergrund hell, auf dem hellen meergrünen Hintergrund dagegen dunkel.

5 Um die Wellen abzuschließen, malen Sie die Glanzstellen in Titanweiß so dünn auf, dass die darunterliegende Farbe stellenweise durchkommt. Die Pinselstriche sollten generell schwungvoll sein und nicht zu perfekt ausfallen, damit ein Gefühl von Wechsel und Bewegung entsteht.

TIPP

Beim Malen mit ständigem Farbwechsel sollten Sie ein Tuch bereithalten, bzw. Ihren Finger oder den trockenen Pinsel benutzen, um Farben zu verwischen oder zu entfernen. Wellen, auf denen sich das Licht fängt, können Sie mit einem dünnen Weiß nachzeichnen und die Farbe dann mit einem Tuch abtupfen, damit sie diffuser wirken.

Aufgewühltes Gewässer
Je größer die Wellen auf der Wasseroberfläche sind, desto unterschiedlicher sind auch die Farbstriche in Breite und Tonwert.

Ruhige See
Generell gilt für jedes Gewässer mit Wellen, dass die Intensität der Wellen in Richtung Vordergrund immer weiter zunimmt. In diesem Bild bringt das Licht der untergehenden Sonne die dunklen Tiefen des Meeres zur Geltung.

F & A

Wie kann ich Wasserspiegelungen darstellen?

Das optische Erscheinungsbild der Spiegelungen hängt von den Lichtverhältnissen und der Wasseroberfläche ab. Stilles Wasser kann wie ein Spiegel sein und die Details präzise zeigen. Unruhige Gewässer dagegen lösen die Spiegelbilder auf oder verzerren sie zumindest. Achten Sie darauf und malen Sie schlicht das, was Sie sehen. Die größte Hilfe beim Malen von Spiegelungen ist eine genaue Zeichnung, die Ihnen die Möglichkeit gibt, Ihre Spiegelbilder auf die richtige Darstellung und Harmonie in der Komposition überprüfen zu können.

1 Wenn Sie luftige Wolken am klaren Himmel und deren Spiegelbilder im Wasser malen möchten, eignet sich eine verdünnte blaue Grundfarbe am besten, weil sie nicht zu kräftig oder grell wirkt. Sie tritt vielmehr im Bild zurück und lenkt nicht von den Spiegelungen ab.

2 Führen Sie zunächst alle anderen Farbbereiche im Bild ein, da diese die Spiegelungen beeinflussen. Konzentrieren Sie sich dann auf die Horizontallinie, also die Grenze zwischen den Elementen Wasser, Land und Himmel, die gespiegelt werden.

3 Malen Sie die Wolken und ihre Spiegelbilder mit Titanweiß ein. Um die wechselnde Dichte der Wolken darzustellen, tragen Sie die Farbe teils kräftiger und teils schwächer auf. Die Stille dieser Szene entsteht vor allem durch die gleichmäßigen Blautöne des Himmels und des Wassers. Heftige Pinselstriche schaffen Bewegung und Unruhe im Bild. Beschränken Sie deshalb die sichtbaren Pinselspuren auf ein Minimum, indem Sie deckende und nicht zu stark verdünnte Farbmischungen verwenden. Mit einer schön cremigen Konsistenz Ihrer Farbe erreichen Sie eine gleichmäßig aussehende Deckschicht. Neben dem ruhigen Blau von Himmel und Wasser scheinen die Wolken strahlend vorbeizuziehen.

4 Sorgen Sie nun bei Wolken und Spiegelungen für mehr Tiefe und Nuancen. Beachten Sie dabei, dass Wasser die helleren Farben dunkler zu tönen und die dunkleren aufzuhellen scheint und, dass stille Gewässer die Objektformen zudem präzise spiegeln.

Bäume am Wasser

Hier wird das Spiegelbild des am Ufer stehenden Baumes durch den unruhigen Fluss zerwühlt und verzerrt. In der Spiegelung tauchen zwar die Farben und Formen des Baumes ansatzweise auf, werden aber durch das glitzernde Licht auf dem gekräuselten Wasser zerstreut.

Stilles Gewässer

Dieses Bild ist ein hervorragendes Beispiel dafür, dass eine stille, fast regungslose Wasseroberfläche wie ein Spiegel wirkt. Die Wasserspiegelungen sind perfekte Ebenbilder von Land und Himmel.

Swimmingpool

Machmal werden entfernte Objekte nur andeutungsweise gespiegelt, besonders bei grellem Licht, seichtem Gewässer oder Wasser mit sehr kräftigen Eigenfarben. Das Wasser in einem Swimmingpool spiegelt zum Beispiel auch die Farben der Beckenwände wider.

S Studie: Wellen

Die Wellenkraft kann extrem stark, oder sogar zerstörerisch sein. Diesen explosiven Moment im Bild festzuhalten, ohne die Wirkung der geballten Kraft zu verlieren oder die Wellen zu massiv und unecht zu malen, ist keine leichte Aufgabe. Sie müssen weder die Farbe dick auftragen, um die Wellenkraft anzudeuten, noch müssen Sie schnell oder rabiat malen, um die Bewegung zu beschreiben. Sorgfältiges Studieren und eine präzise Komposition sind der Schlüssel zum Erfolg. Suchen Sie zuerst nach den wichtigsten Formen und Farben der Wellen und studieren Sie die Bewegungsabläufe.

1 Skizzieren Sie zunächst die grundlegenden Formen und Linien der Komposition mit verdünntem Umbra gebrannt. Planen Sie bei diesem Motiv auch gleich die Formen mit ein, die das Wasser als Teil der Komposition bildet und zeichnen Sie diese ebenso vor. Denn auch die feinen Linien der konzentrischen Wellen im Vordergrund tragen zum Gesamteindruck von Bewegung bei. Legen Sie anschließend eine Lasur in Chinacridon Gold über die gesamte Skizze, damit von Anfang an ein Gefühl von Tiefe und Atmosphäre entsteht.

2 Malen Sie das Wasser des Ozeans mit unterschiedlich verdünnten Mischungen aus Preußischblau. Auf diese Weise scheint sich der Ozean bis tief in den Bildhintergrund auszudehnen. Zusätzlich kann durch die Transparenz des Preußischblau das darunterliegende Gold durchschimmern, und erzeugt so ein sattes Meeresgrün, das zum Horizont hin immer dunkler wird. Nuancieren Sie auch etwas von der meeresgrünen Farbe auf die Brandung gleich neben der sich brechenden Welle im Vordergrund.

3 Wenn Sie die Farbharmonie in Ihrem Bild kritisch überprüfen, werden Sie feststellen, dass Sie den Vordergrund ausgleichend dunkler tönen müssen, um eine Harmonie zu den tiefen Tönen des Ozeans herzustellen. Tragen Sie deshalb eine Lasur in Umbra gebrannt im Vordergrund auf. Gleichen Sie dann auch den Himmel an, indem Sie eine pastose, deckende Mischfarbe aus Titanweiß, Kobaltblau und Umbra gebrannt auftragen.

4 Während die Wellen sich auftürmen, geben sie den Blick auf eine glitzernde Unterseite frei, die in diesem Falle die goldene Untermalung zeigt. Stellen Sie dies mit kurzen Pinselstrichen in Titanweiß gemischt mit Chinacridon Gold dar. Achten Sie darauf, dass Sie nicht zuviel von dieser blassen, deckenden Farbe auftragen, sonst könnten Ihre Wellen bleiern und flach aussehen.

5 An den Stellen, wo die Kräuselung unter die Wellen fließt und über deren Kämme spritzt, bildet sich kalte Gischt. Verwenden Sie für diesen Schaum dieselbe Farbe wie für den Himmel. Für das Malen dieser komplexen, gekringelten Linien eignet sich der Fresko-Pinsel mit seinem extra langen Haarkörper ganz hervorragend.

6 Nun fügen Sie auf die Meeresoberfläche hinter den großen Wellen noch eine gewisse Anzahl an kleineren, eher gekräuselten Wellen in kaltem Blau hinzu, allerdings mit viel feineren Strichen. Wenn Sie gerade ein Bild malen und dafür bereits einen Farbton auf der Palette gemischt haben, sollten Sie zwischendurch immer wieder einmal prüfen, ob sie die Farbe noch einmalen können, bevor sie dann getrocknet ist.

7 Zusätzlich nuancieren Sie nun mehrere grünliche Grautöne in den Abschnitt hinter die großen Wellen. Anschließend verwenden Sie einen etwas matteren blaugrauen Mischton aus Preußischblau, Chinacridon Gold und Titanweiß, um dem weiter entfernten Teil des Ozeans eine deutlicher strukturierte und flüssige, sprudelnde Oberfläche zu verleihen.

8 Mit einer blasseren Mischung des Blaugraus von soeben malen Sie einige gekräuselte Schatten auf die helleren Wellen, damit die Gischt voller und plastischer wirkt. Lassen Sie dabei ziemlich viel von der dunkleren Farbe stehen, um den Kontrast zwischen dem Meerwasser ohne Gischt und dem schaumigen Wasser zu erhalten.

9 Studieren Sie sorgfältig die Formen und Tonwerte im Übergangsbereich zwischen der Unterseite der großen Welle und dem Beginn der gekräuselten Wellen. Beachten Sie, dass dort einige der Formen leicht dunkler als die mittleren Grautöne sind. Malen Sie diese mit einer Mischung aus Preußischblau, Chinacridon Gold und Titanweiß.

10 Nun müssen die ansteigenden Formen der anrollenden Wellen gestaltet und deren Farben abgedunkelt werden. Tragen Sie eine dunkle Lasur aus Preußischblau auf, die noch etwas von dem Gold durchschimmern lässt und sich dadurch abtönt. Da Preußischblau leicht gräulich ist, harmoniert es perfekt mit den Blau- und Grüntönen des Ozeans.

11 Der mittlere Streifen des Ozeans und die rechte Bildecke mit der heranrollenden Welle sind mehr oder weniger fertig. Wichtig ist nun, dass Sie den Vordergrund in Augenschein nehmen um sicherzugehen, dass dieser nicht zu dominant wirkt und so eventuell von der sich brechenden Welle ablenkt.

12 Die Farbe der nassen Fläche im Vordergrund ist ziemlich dunkel und trüb und unterscheidet sich kaum von der Mauerfarbe. Verwenden Sie hier ähnliche Farbvarianten aus einer Mischung von Permanentrosa und Paynesgrau. Beide Farben sind transparent und ergeben eine warme, dunkle Lasur, die sich von den kalten und ebenfalls dunklen Bereichen in Preußischblau abhebt. Tragen Sie die Lasur mit lockeren Strichen und einem relativ trockenen Pinsel auf, damit die Struktur im Vordergrund weiterhin einen Kontrast zum zurückgehenden Wasser bildet.

13 Der Himmel wirkt insgesamt etwas zu flach. Grenzen Sie daher die hellen Bereiche mit einem dunkleren Grau so ein, dass sie wie Wolken aussehen. Als Farbe hierfür verwenden Sie dieselbe blasse Mischung wie für die ursprüngliche helle Himmelsfläche, reduzieren aber den Anteil an Titanweiß. Führen Sie beim Malen den Pinsel ziemlich locker und lassen Sie die Pinselstriche nicht zu einheitlich ausfallen, um so die geschwungenen Formen des Ozeans in den Wolken widerzuspiegeln. Auf diese Weise sorgen Sie gleichzeitig für mehr Kontrast zwischen dem Himmel und der immer kleiner werdenden Landfläche im Hintergrund.

14 Preußischblau ist nahezu im gesamten Bild als Hauptfarbe vertreten. Verwenden Sie es auch in diesem Fall leicht mit Wasser verdünnt für die Bäume auf den entfernten Hügeln.

15 Wenn Sie nun die Stadt auf der Landzunge und den Hügeln malen, werden Sie die goldene Untermalung zu schätzen wissen. Verwenden Sie kalte und warme Farbtöne, die Sie aus der Mischung von Titanweiß mit etwas Kobaltblau für die kalten, beziehungsweise einer Spur Chinacridon Gold für die warmen erhalten. Lassen Sie dabei die Untermalung durchschimmern, tönen Sie sie aber stellenweise mit einer wässrigen Lasur in Preußischblau dunkler, um einen harmonischen Ausgleich zum restlichen Bild zu schaffen.

16 Das Bild entstand mit einer sehr eingeschränkten Palette und zeigt eine Dynamik, die durch die Wirkung der Pinselstriche und starke Hell-Dunkel-Kontraste entstehen konnte. Die Bedeutung der Untermalung beweist sich sowohl beim trüben Wasser der auslaufenden Wellen, als auch bei der Stadt im Hintergrund, und nicht zuletzt in der Harmonisierung des gesamten Bildes.

7
Menschen- und Tierporträts

Das Malen eines Porträts, ob es sich um das Kopf- Halb- oder Ganzkörperporträt einer Person handelt, ist immer eine Herausforderung für den Künstler. Da wir die menschlichen Züge nur allzu gut kennen, wird jede kleinste Unregelmäßigkeit sofort auffallen.

Der beste Einstieg in die Porträtmalerei ist zweifellos ein Selbstporträt. So sind Sie selbst Ihr eigenes und zugleich zuverlässigstes Modell und können vor dem Malbeginn, während Sie eine Kohle- oder Bleistiftzeichnung anfertigen, das ausgiebige Studieren eines Modells üben. Um etwas mehr Sicherheit zu gewinnen, können Sie vorerst auch ein Foto von sich als Vorlage verwenden und davon abzeichnen – möglichst eines, das in der Umgebung, in der Sie malen möchten, aufgenommen wurde. Anschließend nehmen Sie dann einen Spiegel und malen Ihr Spiegelbild, um auch das Licht und die Farben richtig einzufangen.

Die grundlegendsten Fehler beim Malen von Menschen sind oft darauf zurückzuführen, dass Formen einfach angenommen werden. Angehende Porträtmaler setzen häufig voraus, dass das menschliche Gesicht symmetrisch ist, dass also die Augen identisch sind oder die Nase auf beiden Seiten gleich aussieht. Wenn Sie genau hinsehen, werden Sie jedoch schnell entdecken, dass Gesichter in der Realität praktisch nie ganz symmetrisch sind.

Tiere sind als Modelle bekanntermaßen alles andere als kooperativ, dennoch sind sie wie geschaffen für Übungen im schnellen Skizzieren. Eine schlafende Katze wird wahrscheinlich lange genug in dieser Position stillliegen, dass Sie gerade noch ein Bild skizzieren können, aber in den meisten Fällen werden Sie die Tiere von Fotos abmalen müssen. Haus- und Hoftiere können Sie aus nächster Nähe beobachten und durch das Studium des Knochen- und Muskelaufbaus können Sie sich einen Einblick verschaffen, welche Formen durch Bewegungen oder im Ruhezustand der Tiere entstehen. Genauso wie Sie die Objekte eines Stilllebens analysieren, studieren Sie hier die Formen des Kopfes, des Körpers und der Gliedmaßen sowie deren Zusammenspiel.

Jeder Künstler, ob Anfänger oder Profi, der Menschen oder Tiere porträtiert, möchte mit seinen Darstellungen in erster Linie den Betrachter von der Lebendigkeit des Motivs überzeugen. Ein Bild muss weder besonders ausgearbeitet sein, noch muss es extrem realistisch gemalt sein, um ein Gefühl von Lebensechtheit zu vermitteln. Aber es muss die visuelle Auffassung des Betrachters soweit gewinnen, dass er die Formen, Farben und die gesamten Züge als Beschreibung des Körpers erkennt.

F & A

Wie male ich die Lippen richtig, sodass sie weder hervorstechend noch unscheinbar wirken?

Der Mund ist kein isoliertes Element, sondern Teil des Gesichtes und des Kopfes, dennoch muss er als Ganzes präzise gemalt werden. Allzu oft verschwinden die dargestellten Lippen im Gesicht, sind einfach zu hell oder viel zu rot, um natürlich zu wirken. Die Lippen einerseits dezent und andererseits aber als einen der wichtigsten Gesichtsteile betont zu malen, ist eine ziemlich anspruchsvolle Aufgabe. Auch hier ist der beste Lösungsansatz wieder einmal, das Objekt als Bestandteil des Ganzen zu erfassen und dann die Farben stufenweise aufzubauen.

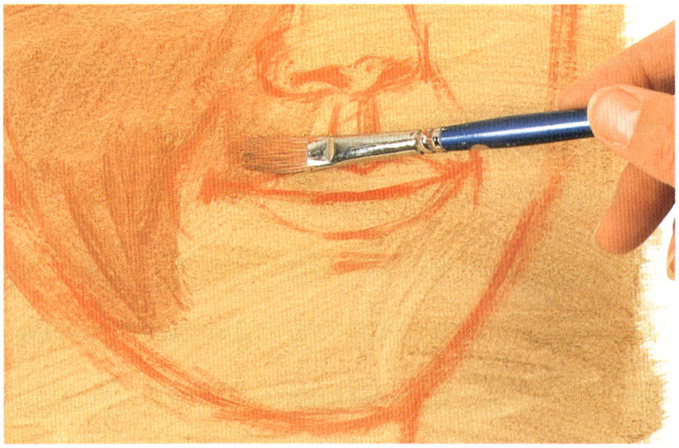

1 Beginnen Sie mit einer Untermalung in Gelber Ocker gemischt mit Kobaltblau. Skizzieren Sie dann mit einer Mischung aus dunklem Kadmiumrot und Titanweiß, die einen mittleren Ton für den Teint ergibt. Porträtieren bedeutet vor allem, das Gesicht als Einheit darzustellen. Farbe und Tonwert des Mundes harmonieren mit der übrigen Gesichtsfarbe und die Form des Mundes passt zur Kieferstruktur. Die Nasolabialfalten rahmen den Mund seitlich ein und die Rinne über dem Lippenbogen ist quasi der Mittelsteg zur Nase.

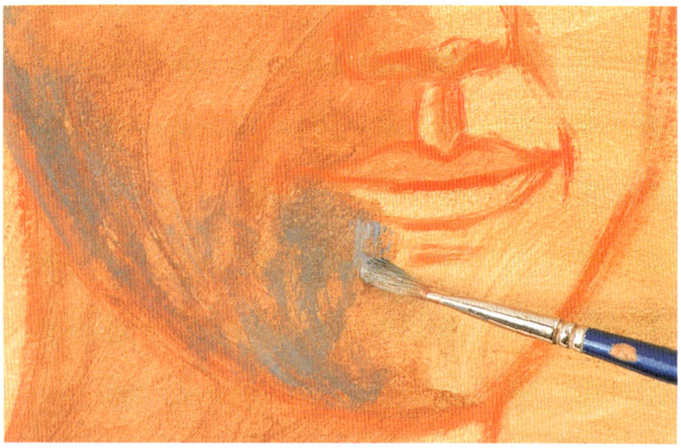

2 Lassen Sie die Lippen stärker hervortreten, indem Sie einen Schatten mit einer hauchdünnen Lasur aus Cöelinblau, Gelber Ocker und Titanweiß auftragen. Auf diese Weise tönen Sie die darunterliegende Farbe ab, ohne sie ganz zu überdecken. Zudem entstehen wesentlich zartere Farben als bei direkten Farbaufträgen und Sie sind weniger versucht, die Lippen zu kräftig zu malen.

3 In diesem Fall fällt das Licht von oben auf das Gesicht, deshalb liegt die Oberlippe ziemlich im Schatten und die Unterlippe ist heller. Tragen Sie als dunkleren Ton eine Mischung aus Kadmiumrot tief und Kobaltblau mit dem Pinsel auf. Nun wirkt der Mund dreidimensionaler.

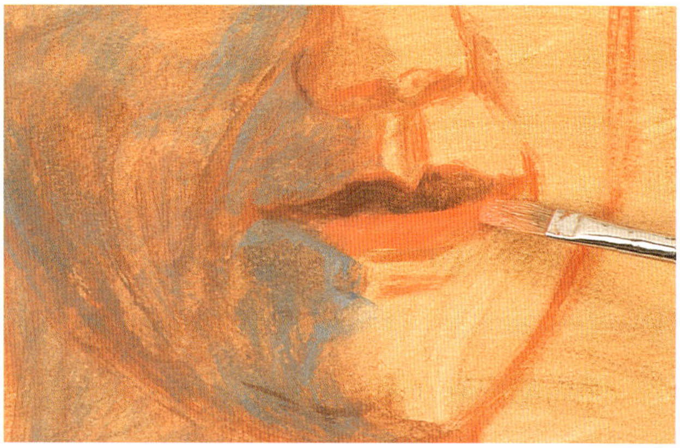

4 Der Farbton der Unterlippe ist viel wärmer und heller, weil das Licht direkter einfällt. Mischen Sie hierfür Kadmium Scharlachrot, Kadmiumrot tief und Titanweiß, und tragen Sie die Farbe gleichmäßig mit dem Pinsel auf.

5 Für die im Licht liegende Gesichtsseite benötigen Sie eine helle Fleischfarbe. Malen Sie diese Seite zunächst mit einer Mischung aus Kadmium Scharlachrot, Kadmiumrot tief und Titanweiß. Sollte die Farbe zu dunkel sein, geben Sie mehr Titanweiß zu. Tragen Sie die Farbe nicht ganz gleichmäßig auf, sodass die Untermalung stellenweise durchkommt, um dezente Farbwechsel zu kreieren.

6 In dieser Nahaufnahme können Sie das Spiel von Licht und Schatten auf der Oberlippe und der medianen Rinne darüber deutlich erkennen und sehen genau, wie das Licht auf die Unterlippe fällt. Um die Lichtreflexe auf der Unterlippe zu beschreiben, tragen Sie die vorherige helle Fleischfarbe vorsichtig und stellenweise mit dem Pinsel auf.

7 Die fertige Studie zeigt den Mund als eine Einheit. Seine geschwungene Form folgt den Rundungen des Gesichts und auf der leicht zurückgesetzten Gesichtsseite ist er etwas weniger deutlich sichtbar. Die Form der Lippen wird im Wesentlichen durch Licht und Schatten definiert. Ohne die Unterschiede in Farbe und Tonwert würden die Lippen flach und künstlich aussehen.

TIPP

Eine gute Übung wäre eine weitere Studie von einem leicht geöffneten Mund. Hier verändern sich die Farben durch das Weiß der Zähne und den dunklen Spalt der Öffnung.

F
&
A

Beim Porträtieren finde ich das Malen der Augen besonders schwierig. Wie vermeide ich, dass sie stumpf und leblos aussehen?

Wir messen der Darstellung und dem Ausdruck von Augen viel Bedeutung bei. Der Gesichtsausdruck eines Menschen zeigt sich aber viel deutlicher in dem Bereich um die Augen herum, wie beispielsweise durch die kleinen Fältchen in den Augenwinkeln, wenn wir uns freuen oder ärgern, oder durch die Form der Lider und Augenbrauen. Sogar die Haltung des Kopfes verrät uns oft, ob jemand schüchtern, selbstbewusst oder aggressiv ist. Die Augen bestätigen dann letztlich diese Rückschlüsse.

Beim Malen eines Porträts müssen Sie als erstes überprüfen, ob die Augen richtig im Gesicht liegen. Anschließend vergewissern Sie sich erst, dass die Zeichnung des Kopfes stimmig ist, bevor Sie sich mit den Details der Augen beschäftigen.

Wenn Sie den Kopf aus einem leicht schrägen Winkel betrachten, ändert sich die Form der Augen drastisch. Eine Ansicht im Halbprofil bedeutet, dass die Iris nicht mehr rund erscheint, sondern elliptisch. Zudem versperrt die Nase die Sicht auf den inneren Augenwinkel des zurückgesetzten Auges und wir sehen das obere Augenlid auf der uns zugewandten Seite deutlicher. Blicken wir von vorne aufs Gesicht, erscheint uns ein Auge häufig etwas größer als das andere. Achten Sie auch darauf, dass die Augenwinkel jeweils den gleichen Abstand zur Nase haben.

1 Fertigen Sie rasch mit einem 2B-Bleistift eine grobe Umrisszeichnung des Kopfes an. Zu diesem Zeitpunkt ist es unnötig, dass Sie die Augen detailliert ausarbeiten, skizzieren Sie lediglich die Lider, die Größe und die Form der Iris und die inneren Augenwinkel. Der Kopf ist leicht geneigt, achten Sie deshalb darauf, dass die Neigungswinkel der Augen zueinander dem des Mundes entsprechen.

2 Als Nächstes beginnen Sie nun, die Augenpartie stufenweise aufzubauen. Verwenden Sie hierfür hautfarbene Mischungen aus unterschiedlichen Anteilen von Orange, Titanweiß und Paynesgrau, und tupfen Sie die Farbe in kleinen Strichen auf, um beispielsweise die kleinen Fältchen rund um die Augen anzudeuten.

3 Beobachten Sie zunächst genau, wie das Licht die Form der Augenlider beeinflusst und malen Sie diese dann mit den drei Farben, die Sie soeben verwendet haben. Als Untermalung für die Augen tragen Sie dann eine Mischfarbe aus Olivengrün, Titanweiß und Preußischblau auf.

4 Die Farbe der Augäpfel ist niemals ein reines Weiß. Verwenden Sie hierfür eine Mischung aus Titanweiß und Preußischblau und tragen Sie die Farbe ungleichmäßig auf, um den feuchten Glanz anzudeuten. Für den Rand der Iris nehmen Sie Paynesgrau.

5 Die Pupillen malen Sie mit einem weniger verdünnten, fast schwarzen Paynesgrau. Anschließend fügen Sie die Glanzstellen in verdünntem Titanweiß auf die Iris. Vermeiden Sie dabei aber, dass sie zu deutlich oder stechend ausfallen, sonst geht der leuchtende Farbglanz der Augäpfel verloren.

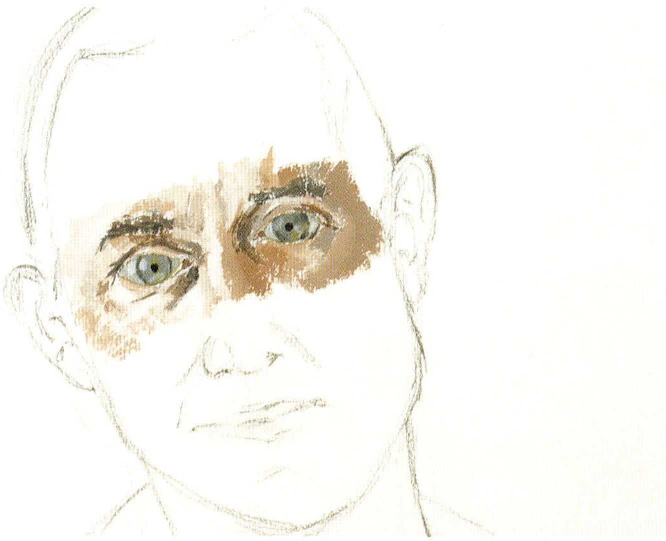

TIPP

Augäpfel in einem reinen, puren Weiß würden sehr merkwürdig und künstlich aussehen. In Wirklichkeit sind die Augäpfel gesunder junger Menschen leicht bläulich, die von älteren leicht rosastichig, und generell verändert sich der Farbton nicht unerheblich durch dem jeweiligen Lichteinfluss.

6 Wie überzeugend die Augen in einem Porträt wirken, hängt nicht zuletzt auch davon ab, ob sie optisch wirksam und natürlich in den Augenhöhlen liegen. In den Bildern von unerfahrenen Malern sieht man häufig den Fehler, dass die ganze Iris rund auf dem Augapfel liegt und deshalb wild starrend wirkt, oder dass der Abstand zwischen Auge und Braue zu groß ist. Am besten üben Sie das Malen von Augen in Selbstporträts, da Sie selbst ein stets verfügbares und geduldiges Modell sind.

F&A

Mir gelingt es, Hände zu malen, doch wie stelle ich Füße und Zehen dar?

Bekanntermaßen sind Hände mit am schwierigsten zu malen, doch Füße sind als Motiv nicht weniger kompliziert. Die Form der Füße ändert sich je nach Blickwinkel drastisch. Aus diesem Grund ist es zwingend erforderlich, die exakten Proportionen der Zehen stets in Relation zum restlichen Fuß und Knöchel zu bestimmen. Zudem müssen in der Darstellung auch Schatten, Falten und Stand des Fußes genau berücksichtigt werden.

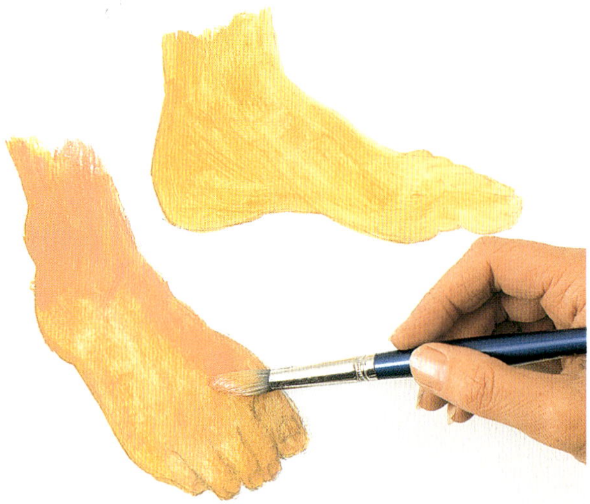

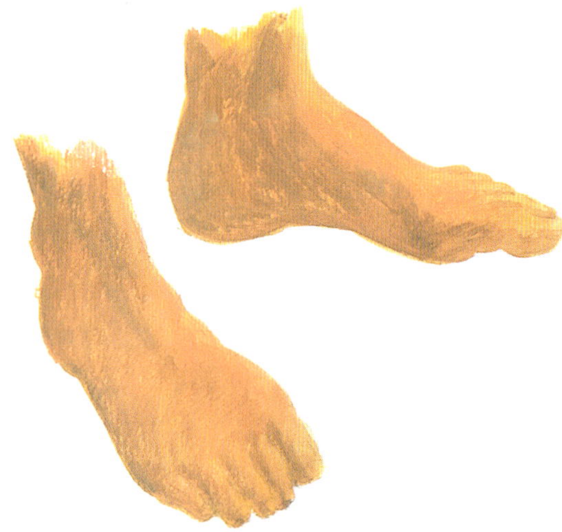

1 Um auf dem Boden stehende Füße zu darzustellen, müssen Sie zunächst genau studieren, wie die Füße insgesamt und besonders die Fersen zueinander stehen. Skizzieren Sie beide Füße zunächst mit Bleistift, und legen Sie dann eine Untermalung in Gelber Ocker darüber. Anschließend malen Sie mit einer Fleischfarbe aus Oxidrot gemischt mit Titanweiß.

2 Wichtig ist, dass Sie die Füße einzeln und als Paar genau studieren. Hier ist der linke Fuß stark im Profil zu sehen, die einzelnen Zehen sind vom großen Zeh verdeckt und die Rundung des Spanns deutlich sichtbar. Der rechte Fuß dagegen zeigt mehr nach vorne, sodass Zehen, Rist und der Knöchel auf der Außenseite gut erkennbar sind.

3 Malen Sie nun die Wurfschatten der Füße. Da diese Schatten durch starkes, künstliches Licht entstanden sind, erscheint ihre Farbe auf dem weißen Fußboden ziemlich blau. Mischen Sie hierfür Indigo, Rotoxid und Titanweiß, und bauen Sie die Farbtiefe beim Malen langsam auf, damit die Schatten letztendlich nicht zu intensiv werden und die Wirkung der dargestellten Füße schmälern.

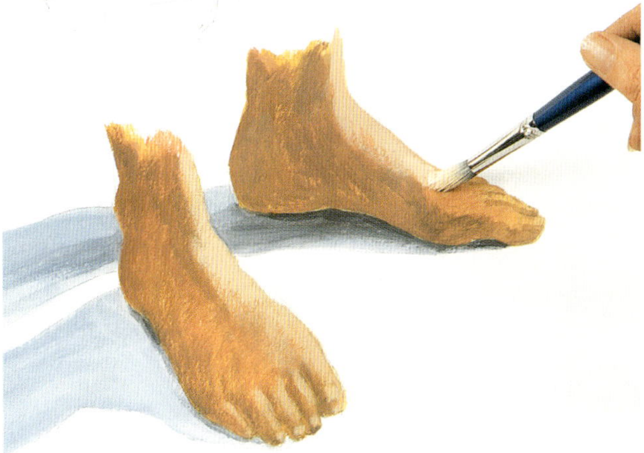

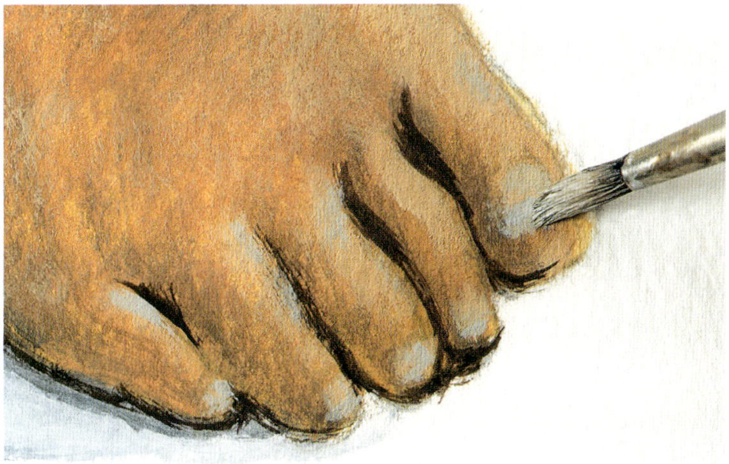

4 Für die dunkleren Schattenpartien, die Sie direkt neben den linken Fuß und unter den Fußrücken malen, fügen Sie etwas mehr Indigo in die Mischung. So entsteht der Eindruck, dass die Ferse fest auf dem Boden steht. Hellen Sie die direkt beleuchteten Partien auf beiden Fußrücken mit einer Mischung aus Rotoxid, Titanweiß und einer winzigen Spur Umbra gebrannt etwas auf. Dadurch beschreiben Sie die Intensität des Lichts und die Füße wirken dreidimensionaler.

5 Da Zehen niemals einheitlich sind, müssen Sie jede einzelne genau studieren. Danach definieren Sie jede Zehenform durch die Schatten, die Sie mit einer Mischung aus Umbra gebrannt, Titanweiß und einer Spur Indigo zwischen die einzelnen Zehen malen. Um den direkten Lichteinfall darzustellen, tragen Sie eine hellere Fleischfarbe auf jeden Zeh auf und einen noch helleren auf die Zehennägel, allerdings nicht zu kräftig.

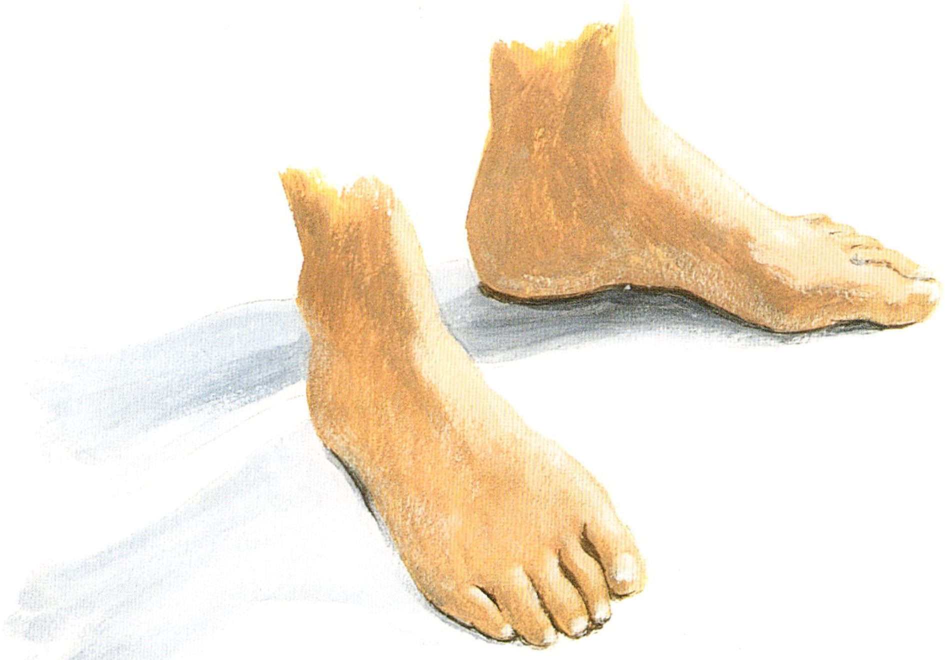

6 In der fertigen Studie können wir nun sehen, wie zart die Licht- und Schattenbereiche im Endergebnis wirken. Auf dem Spann des linken Fußes wird knapp über der Sohle blasses Licht reflektiert, wodurch der Fuß mehr Volumen und eine deutliche hohe Wölbung bekommt, ohne dass er jedoch den Anschein erweckt, über dem Boden zu schweben.

S Studie: Porträt

Das geflügelte Wort in der Porträtmalerei „eine Ähnlichkeit erzielen“ deutet schon auf die heikle Aufgabe hin, die den Künstler erwartet, wenn er den quicklebendigen Ausdruck seines Modells auf den Malgrund bannen möchte. Doch auch hier ist es keine Magie, sondern schlicht die stetige Beobachtung, Übung und eine gute Vorzeichnung. Letztendlich geht es darum, ein Gesicht zuerst zu erkunden und herauszufinden, wie die Gesichtsteile zueinander proportioniert sind, wie Licht und Schatten auf das Gesicht fallen und wie kleine Unterschiede in der Betonung den Gesichtsausdruck radikal verändern können.

1 Beginnen Sie mit einer Untermalung in Siena natur und einer Umrisszeichnung in Kobaltblau gemischt mit Titanweiß. Skizzieren Sie möglichst genau und berücksichtigen Sie die Form der Nase und die Linie der Backenknochen. Für die nicht beleuchtete Seite des Gesichtes nehmen Sie eine Mischung aus Ultramarinblau und Alizarin-Karmesin in unterschiedlichen Konsistenzen. Die Schatten sind nicht gleichmäßig verteilt. Unterhalb des Kinns, der Unterlippe und der Augenbraue sowie auf der abgewandten Seite der Stirn ist kaum Licht, dort sind sie am dunkelsten.

2 Für die mittleren Farbtöne verwenden Sie eine Mischung aus Kadmium Scharlachrot, Kadmiumrot tief, Siena natur und Ultramarinblau. Die Lichtquelle liegt oberhalb der linken Schulter des Modells, deswegen fällt das Licht stärker auf die linke Nasenseite als auf den Nasenrücken.

3 Mit verschiedenen Mischungen aus Siena natur, Ultramarinblau und Alizarin-Karmesin und linearen Pinselstrichen malen Sie nun die Nasolabialfalten als Begrenzung der Wange, bis um den Mundwinkel herum, und tragen die dunkle Linie zwischen den Lippen sowie die untere Kontur des Kiefers auf.

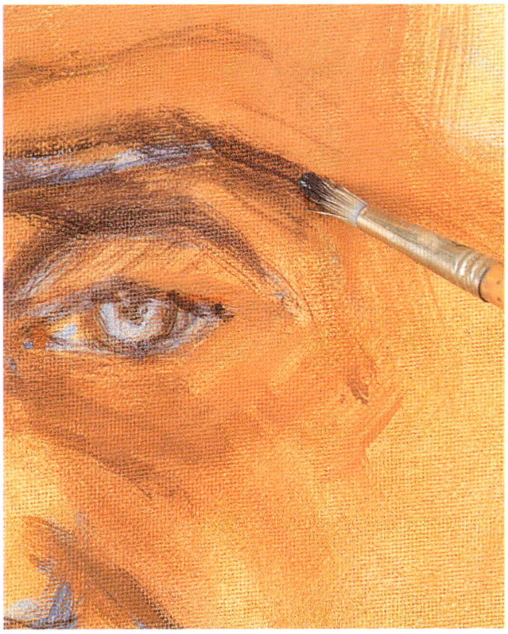

4 Als Nächstes tönen Sie die kräftigsten Farbbereiche nahe der Lichtquelle, wie etwa den Abschnitt am Ohr, mit einer Mischung aus Kadmium Scharlachrot und Siena natur. Damit geben Sie die rötlichen Töne wieder, die entstehen, wenn starkes Licht auf die Haut fällt. Vermeiden Sie eine übermäßige Ausarbeitung des Ohrs. Dieser Fehler wird häufig gemacht und führt entweder dazu, dass das Ohr zu komplex ausfällt und im Bild hervorsticht oder jede Definition verliert und zu einer einzigen Farbmasse verschwimmt.

5 Mit der ursprünglichen blauen Skizzenfarbe deuten Sie die ergrauten Augenbrauen an. Die dunkleren Brauenhaare fügen Sie dann mit einer Mischung aus Ultramarinblau und Alizarin-Karmesin hinzu. Verwenden Sie diese Farbe, nur etwas heller, auch zum Malen der Schatten zwischen Braue und Augenlid.

6 Für das kältere Licht auf dem Kinn nehmen Sie eine Mischung aus Titanweiß, Kadmium Scharlachrot und Kobaltblau. Solange die Farben im richtigen Verhältnis zueinander stehen und Sie Licht- und Schattenbereiche genau beachten, brauchen Sie die Farben im Bild weder zu verwischen noch miteinander zu verschmelzen.

7 Achten Sie besonders kritisch darauf, dass das Weiß des vorderen Auges nicht zu stechend hell ausfällt. Mischen Sie dafür eine sehr ähnliche, aber mattere Farbe des hellsten Blautons der Iris. Hier sind die Farben der Iris, des Augapfels und der Pupille verschiedene Varianten aus Kobaltblau und Titanweiß gemischt mit Ultramarinblau und Alizarin-Karmesin.

8 Für die hellen Streifen der Lichtreflexe auf den Stirnfalten mischen Sie einen hautfarbenen Ton aus Titanweiß, Siena natur und Kadmium Scharlachrot. Beachten Sie dabei, dass die dunklen Linien dazwischen ungleichmäßig dick sind und zunehmend nach oben hin auf der Stirn dünner werden.

9 Malen Sie nun in der gleichen Farbe, aber mit etwas mehr Weiß, die Lichtpartien auf die Seite der Nase, um ein Gegengewicht zu den Lichtreflexen auf der Stirn herzustellen. Achten Sie darauf, dass die Lichtpartie nicht abrupt auf der Nase endet, sondern leicht auf der Wange ausläuft.

10 Die hautfarbenen Töne beherrschen das gesamte Bild, sodass es fast einfarbig aussieht. Lediglich das Auge und ein paar Fragmente der Eingangsskizze sind ein viel zu geringer Kontrast in Blau. Deshalb muss zunächst die dominante warme Farbe harmonisiert werden.

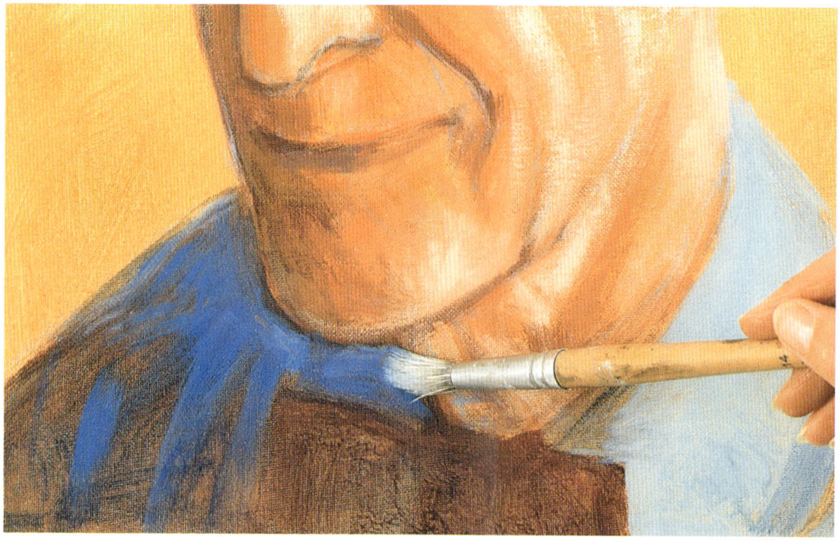

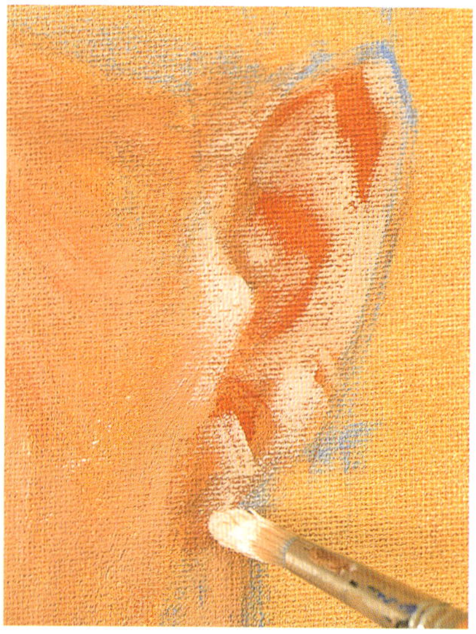

11 Um den Kopf einzurahmen und das Gesicht hervorzuheben, tönen Sie die warmen Fleischfarben unterhalb desGesichts durch das kalte Blau des Hemdes und das satte Rot der Krawatte ab. Zudem wiederholt sich nun die Farbe der Augen im Hemd, wodurch das gesamte Porträt abgerundet und tiefer im Format verwurzelt wirkt.

12 Als letzten Schliff malen Sie nun die hellsten Glanzlichter auf die Stellen am Ohr, die am direktesten beleuchtet sind. Tragen Sie dafür eine Mischung aus Titanweiß, Siena natur und Kadmium Scharlachrot ziemlich trocken mit einem Rundpinsel auf, sodass die darunterliegenden Farbschichten wie eine zarte Struktur durchscheinen.

13 Zum Abschluss gleichen Sie die Glanzlichter des Gesichts stellenweise noch mit helleren Mischtönen aus. Der Augenwinkel sollte konkrete Linien zeigen, die blassen Falten des Gesichts dagegen sollten sanft mit der Gesichtsseite verschmelzen und in den Abschnitt zwischen Auge und Ohr übergehen. Malen Sie das Haar mit einer Mischung aus Titanweiß, Siena natur, Ultramarinblau und Alizarin-Karmesin, der Sie dann für die silbrigen Glanzstellen mehr Titanweiß hinzufügen.

F&A

Wie stelle ich die Textur eines kurzen Tierfells dar?

Vielen unerfahrenen Malern gelingt es auf Anhieb, die lockere Textur von langem, zotteligem Fell perfekt darzustellen. Das ist zweifellos die einfachere Variante, denn solch ein Haarkleid verdeckt die Form des Tierkörpers und den Tonus der Muskeln. Kurzes Fell dagegen bietet diesen Vorteil nicht und betont noch zusätzlich die vielfältigen Texturen, Farben und den Glanz auf dem Haarkleid des Tieres.

Wichtig ist , dass das Fell am Ende weder zu borstig aussieht, noch so glatt wie Stoff wirkt. Anstatt jedes Haar einzeln darzustellen, beschreiben Sie die Dichte des Fells zunächst durch zarte Farbflächen. Für die einzelnen Details malen Sie dann keine Vielzahl an Linien, sondern heben sie durch wenige Pinselstriche oder Farbänderungen hervor. Zudem können Sie auch mit den Körperteilen, die nicht von Fell bedeckt sind, also Augen, Schnauze, Maul und Krallen, die Fellstruktur noch weiter konkretisieren.

1 Skizzieren Sie die Umrisse des Modells in einem mittleren Ton der Fellfarbe. Dieses Profil eines Hundes wurde mit einer Mischung aus verdünntem Siena natur und Weiß gezeichnet. Die Umrisse müssen weder dunkler noch kräftiger getönt sein, denn sie sollen von den folgenden Farbschichten komplett verdeckt werden. Sobald die Vorzeichnung fertig ist, wählen Sie für die Untermalung einen mittleren Farbton aus, sodass Sie später nur noch die hellen und dunklen Farbabschnitte einmalen müssen.

2 Um gleich zu Beginn eine neutrale Fellfarbe einzuführen, legen Sie auf die gesamte Fläche des Tieres eine Untermalung. Für die weiße Zeichnung des Fells am Kopf des Tieres verwenden Sie eine wesentlich blassere Mischfarbe, die Sie mit einer hauchdünnen Lasur auftragen. Auf die Ohren legen Sie im Vergleich zu der relativ dichten Farbe am Kiefer ein viel dünneres, transparentes Weiß. Der Clou ist, die Dichte des Haarkleids durch Farben zu beschreiben, damit das gemalte Fell überzeugend echt aussieht.

3 Für die dunkle Fellzeichnung des Hundes nehmen Sie Elfenbeinschwarz. Malen Sie die Farbe nicht ganz gleichmäßig auf, richten Sie sich aber nach der im Fell sichtbaren Skala an Tonwerten. Lassen Sie stellenweise die Untermalung durchschimmern, indem Sie das Schwarz dort entsprechend dünn auftragen. Die Nase wird tiefschwarz, bis auf das spätere Spitzlicht, durch das sie dann lebendig glänzen wird.

4 Für den nächsten Farbauftrag verwenden Sie ein transparentes Siena natur. Dieser sandige, erdige Ton eignet sich hervorragend für warme Fellfarben. Wenn Sie die Farbe dicker auftragen, entsteht ein sattes Orange-Gelb und dünner aufgetragen wird sie von der darunterliegenden Farbe heller, beziehungsweise dunkler getönt.

5 Fügen Sie mit einem feinen Schlepperpinsel die Glanzlichter und einige abstehende Haare in Weiß ein, um das Bild eines natürlich aussehenden Fells abzurunden. Anschließend tupfen Sie mit dem spitzen Ende des Pinselstiels einige schwarze Pünktchen neben die Nase. Achten Sie aber sorgfältig darauf, dass die Pünktchen deutlich bleiben.

6 Für die Bereiche unter dem Kopf, auf dem Hals und dem Brustkorb, auf die das Licht immer schwächer fällt, nehmen Sie eine Mischung aus Umbra natur und Titanweiß. Achten Sie darauf, dass sich an den Übergängen zu den Fellzeichnungen keine zu deutlichen Ränder bilden, sonst könnte die Gesamtform instabil wirken.

7 Die nur halbfertige Studie lässt deutlich erkennen, wie nützlich die Untermalung in Umbra natur und Titanweiß ist. Sie dient als Referenz für Tonwerte und Farben und gibt den darüberliegenden Farbschichten eine gewisse Festigkeit.

F & A

Wie suggeriere ich die Bewegung eines Tieres in meinem Bild?

In einem statischen Bild Bewegung überzeugend zu beschreiben, ist eine spannende Herausforderung. Hier stellt sich die Frage, ob man eine präzise und anatomisch korrekte Bewegung darstellen, oder eher nur den Eindruck von Bewegung vermitteln möchte. Ein anatomisch korrektes Bild kann dennoch statisch wirken, ein freier gemalter Eindruck dagegen kann äußerst effektiv und aussagekräftig sein. Hier geht es in erster Linie darum, die Energie der Bewegung einzufangen, nicht das fotografische Abbild.

Genaues Beobachten ist zwar unerlässlich, um nicht wahllose Massen an Farben und Formen zu malen, aber die Freiheit des expressiven Malens und die wundervollen Effekte, die Sie damit erzielen können, sind äußerst lohnend.

Wählen Sie ein auffälliges Motiv, aber malen Sie nicht zu verkrampft. Den Eindruck von Bewegung vermitteln Sie zum großen Teil auch durch die Art Ihrer Pinselstriche. Achten Sie dabei auf flüssige Bewegungen aus dem Arm und Handgelenk heraus, und denken Sie beim Malen an die Gesamtkomposition.

1 Tragen Sie zu Beginn eine Grundfarbe in einer dünnen Lasur auf, die Ihr Motiv hervortreten lässt. Hier wurde auf eine noch feuchte Lasur in Indigo mit einer Mischung aus Kadmiumrot mittel und Indigo „gekritzelt". Fügen Sie für die Umrisszeichnung der Mischung noch etwas Titanweiß zu.

2 Füllen Sie die ganze Form der Eule mit derselben grauen Mischung aus Kadmiumrot mittel, Indigo und Titanweiß. Schon jetzt deuten die Pinselstriche sichtbar Bewegung an, ganz besonders durch die ausgefransten Konturen der Flügel.

3 Um zu verhindern, dass die Formen zu konkret werden, tragen Sie eine hellere Mischung, die mehr Titanweiß enthält, mit einer Zahnbürste auf. Weder die Flügel noch der Körper des Tieres dürfen schwer wirken, damit die Leichtigkeit des Vogels erhalten bleibt und er keinesfalls starr aussieht.

4 Noch immer mit der Zahnbürste tragen Sie nun locker eine Mischung aus Siena natur und Titanweiß auf die Flügel und die Kopfwölbung. Kratzen Sie stellenweise mit der Spitze des Pinselstiels in die Farbe. Solche Linien unterstreichen das Gefühl eines vergänglichen Moments.

5 Für die hellsten Streiflichter auf Flügeln und Schwanz ziehen Sie mit der Zahnbürste kräftige Striche in Titanweiß. Tragen Sie die Farbe unten am hinteren Flügel dicker auf, aber mit lockeren, ungleichmäßigen Strichen, damit die allgemeine Undeutlichkeit erhalten bleibt.

6 Auf den Kopf des Vogels, der der präziseste Abschnitt in diesem Bild ist, tragen Sie die Farbe dicker auf. Konturieren Sie das Auge und die Seite des Kopfes mit feinen schwarzen Linien.

7 In der fertigen Studie können Sie die Darstellung einer Schleiereule, die gespenstisch durch die Dämmerung fliegt, deutlich erkennen, obwohl keinerlei Form klar definiert wurde. Zwischen den dunklen Strichen im Hintergrund und den helleren Streifen auf den Flügeln entwickelt sich ein dynamisches Zusammenspiel im Bild. Dieser Kontrast trägt letztlich dazu bei, dass der Eindruck von Bewegung entsteht.

TIPP

Der einzig praktische Weg, um Tiere in Bewegung darzustellen, ist das Malen von Fotovorlagen. Wählen Sie Bilder mit einem relativ ruhigen Hintergrund, der Sie nicht vom Motiv ablenken kann, und konzentrieren Sie sich nicht zu stark auf die einzelnen Details.

Index

Die *kursiv* hervorgehobenen Begriffe bezeichnen Techniken und Bildtitel.

Bildnachnachweis

Seite 22, unten, Faith O'Reilly

Seite 49, unten, Arthur Easton

Seite 51, unten, Peter Graham

Seite 61, unten, Jeremy Galton

Seite 80, oben links, Ted Gould

Alle weiteren Werke stammen vom Autor